JN310814

深奥的中国

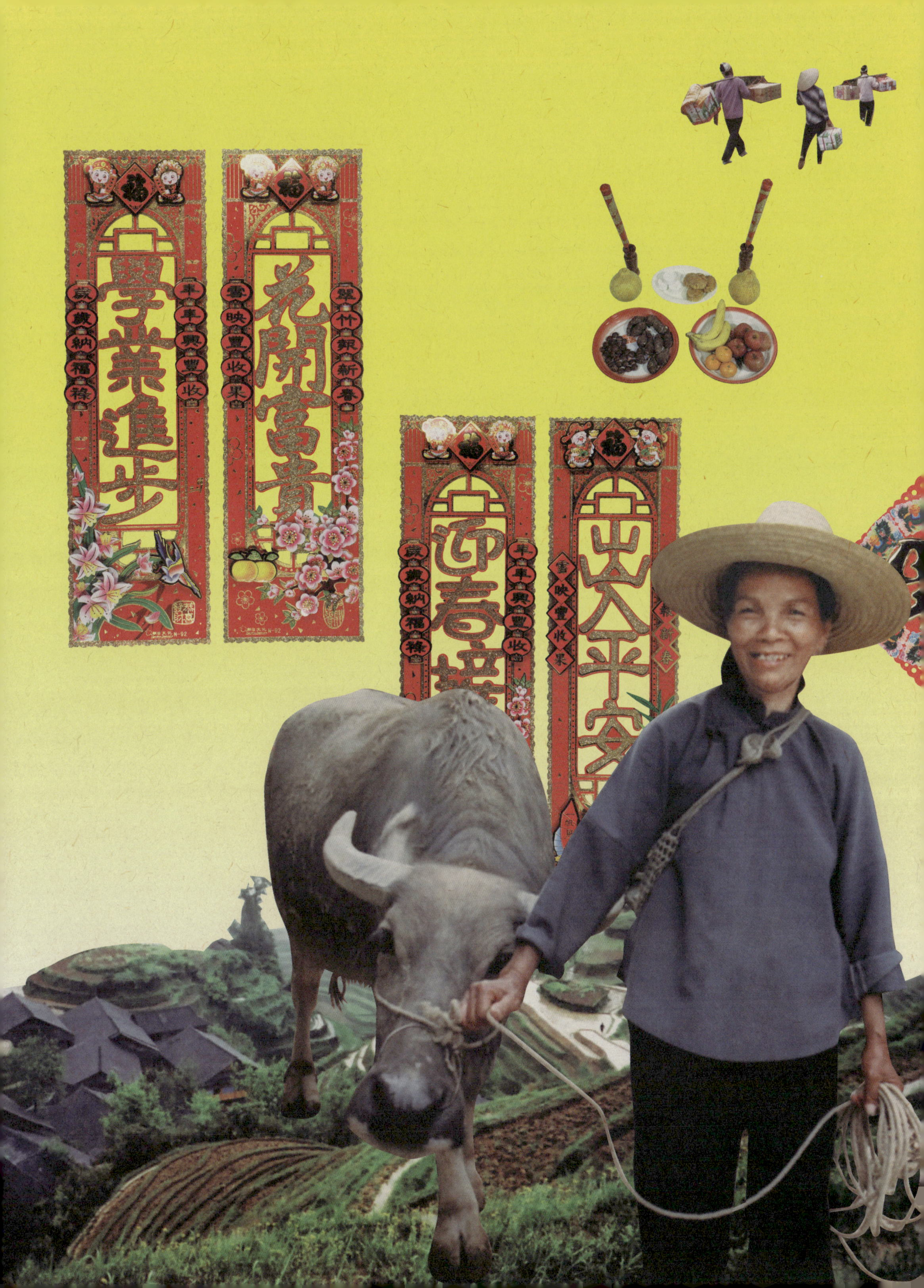
學業進步
花開富貴
出入平安

ごあいさつ

　2008年夏、中国ではじめてのオリンピックが北京で開催されます。アジアの大国、中国の存在感は、国際政治、国際経済のなかで急速に大きくなりつつあります。そのひとつのピークになるであろう2008年春に、国立民族学博物館では、中国をテーマとする特別展を開催することにいたしました。

　日本に入ってくる中国についての情報は、政治の動向や経済発展の状況が中心であり、また北京や上海・広州などの大都市の繁栄ぶりなどが報道されています。しかし、これらの情報は一面的で、それだけでは中国を理解したとはいえません。中国には漢族と55の少数民族が暮らしています。中国は多くの民族が共生する多民族国家としての顔をあわせもっているのです。

　チワン族という民族がいますが、少数民族とはいいながら、東京都の人口を超える1618万人という大人口を擁しています。チワン族のほとんどが西南中国の広西チワン族自治区に居住し、おもに稲作農業をいとなんでいます。そこには特徴的な高床式の住居がみられます。チワン族のほかにも西南中国には、特徴的な文化をもつ民族がたくさん暮らしています。銀の装身具をまとい色鮮やかな刺繍の伝統をもつミャオ族、洗練された木彫をつくるペー族、巧みな漆器をつくるイ族、生きている象形文字といわれるトンパ文字をもつナシ族など。

　西南中国の多くの民族に共通する文化もあります。たとえば銀の装身具や刺繍、錦織、竹を材料とする工芸品などです。高床式住居もいくつかの民族に共通しています。各民族は多彩な自然、悠久の歴史のなかでゆたかな文化をはぐくみ、民族の知恵、知識を生み出してきたのです。また、この地域の民族は中国文明の周縁地域として漢文化を取捨選択しながら受容し文化形成をおこなってきました。

　この特別展では、展示場一階でチワン族の高床式住居の居住空間を再現し、その日常の暮らしや年中行事などの生活世界を紹介します。二階では、ミャオ族・イ族・ペー族・ナシ族などの民族の華麗な服飾や銀細工・漆器・染織品・木竹工芸・玩具・楽器・文字など特徴ある工芸品を紹介します。西南中国の少数民族の暮らしと工芸を通じてそのゆたかな文化にふれていただきたいと考えています。

　グローバル化にともない、外部との交流が激増するなかで大きな変革期を迎えている現代中国、そのなかでも特に今回の特別展ではこうした少数民族の多様な文化に、まぢかにふれていただきたいと願っています。

2008年3月

国立民族学博物館長
松園万亀雄

✺ 目次

5　ごあいさつ　松園万亀雄
9　深奥的中国——少数民族の歴史と現状　塚田誠之
14　中国56民族一覧と分布図

17　第❶部　チワン族の生活世界

18　中国最大の少数民族
20　冠婚葬祭にみるチワン文化

22　高床式住居に暮らす
24　高床式住居のしくみ
30　column1　アジアの縮図——中国少数民族の住まい　浅川滋男
32　日常の暮らし
34　チワン族の生活空間
36　column2　公務員を生む家屋——トン族の住宅風水　兼重 努

38　チワン族の一年
40　春節
46　三月三
50　歌掛け
54　column3　歌声響く春の村里——チワン族の歌掛け　手塚恵子
56　中元節
58　中秋節
60　あやつり人形劇（木偶戯）
62　定期市
64　国境
66　column4　焼畑耕作からウェブサイトへ——国境を越えるユーミエン　吉野 晃

67　第❷部　西南少数民族の工芸

- 68　装—よそおう—
- 70　民族衣装
- 89　刺繍
- 94　染色
- 96　column5　消えた麻畑——ミャオ族の民族衣装　宮脇千絵

- 98　創—つくる—
- 100　錦織
- 102　漆工芸
- 103　玩具
- 104　護符
- 106　木工芸
- 108　竹工芸
- 110　金属工芸
- 111　銀細工工房
- 116　column6　観光客と少数民族のあいだ——雲南の民族観光　岡　晋

- 118　楽—たのしむ—
- 120　楽器
- 126　column7　愛を奏でるひょうたん笛——雲南の葫蘆絲　伊藤　悟
- 128　文字
- 131　column8　文化資産としての多言語性——少数民族言語のゆくえ　庄司博史
- 132　column9　格差是正への道のり——西部開発と少数民族　韓　敏

- 133　西南中国研究のあゆみ　野林厚志
- 135　「深奥的中国」をもっと知るために——参考文献

凡例

◎本書は、国立民族学博物館の特別展「深奥的中国——少数民族の暮らしと工芸」（2008年3月13日〜6月3日）の開催にあわせて出版される同展の図録である。

◎本書掲載の標本資料は、すべて国立民族学博物館の所蔵である。

◎本書では、読みやすさを考慮し、原則として中国の民族名を漢族、回族、満族、朝鮮族をのぞき、すべてカタカナで表記した。ただし14ページに掲載の「中国56民族一覧」では漢字表記を併記した。

◎民族名につづく（　）内は、原則としてその民族の下位集団名を示す。

◎漢字のふりがな、または漢字に続く（　）は、ひらがなの場合は日本語の読み方を、カタカナの場合は漢語（中国語）の読み方を示す。少数民族語での読み方を示す場合は、カタカナの前に※印を付した。

◎扉解説、コーナー解説、小コラム、資料解説は、塚田誠之、横山廣子、韓敏、野林厚志、陳天璽が執筆にあたった。扉解説、コーナー解説文末の（　）内に執筆者の姓のみを記載している。第2部の「銀細工工房」を除き、小コラム、資料解説の執筆者は、コーナー解説と同じ執筆者である。「銀細工工房」の資料解説は塚田誠之が執筆した。

◎資料解説は、原則として標本名、標本番号、使用民族、収集地、特記事項の順に記載した。なお、第1部では収集地の地名から広西チワン族自治区を省略した。

◎標本番号を付していない資料は、今回の展示のための体験用資料である。

◎写真撮影・提供者は、巻末にまとめて掲載している。

本図録の制作にあたり、人間文化研究機構連携研究「ユーラシアと日本：交流と表象」研究プロジェクト・機構内外機関間連携研究等推進経費の助成を得た。

開館30周年記念特別展
# 深奥的中国——少数民族の暮らしと工芸
2008年3月13日(木)〜6月3日(火)

- ■主　　催　　国立民族学博物館
- ■共　　催　　読売新聞大阪本社
- ■協　　力　　広西壮族自治区博物館　貴州省博物館　雲南民族博物館
　　　　　　　財団法人千里文化財団　日本万国博覧会記念機構　東方書店
- ■後　　援　　NHK大阪放送局　中国大使館　外務省　大阪府教育委員会
　　　　　　　吹田市　吹田市教育委員会
- ■協　　賛　　荒川化学工業株式会社　JAL日本航空
- ■実行委員会　塚田誠之　国立民族学博物館先端人類科学研究部教授・実行委員長
　　　　　　　横山廣子　国立民族学博物館民族社会研究部准教授
　　　　　　　韓　　敏　国立民族学博物館民族社会研究部准教授
　　　　　　　野林厚志　国立民族学博物館文化資源研究センター准教授
　　　　　　　陳　天璽　国立民族学博物館先端人類科学研究部准教授
　　　　　　　市川　哲　国立民族学博物館機関研究員
　　　　　　　長谷川清　文教大学文学部教授
　　　　　　　武内房司　学習院大学文学部教授
　　　　　　　吉野　晃　東京学芸大学教育学部教授
　　　　　　　兼重　努　滋賀医科大学医学部准教授

- ■実行委員会事務局
　　　　　　　宇治谷恵　国立民族学博物館情報企画課
　　　　　　　西田清一　国立民族学博物館情報企画課
- ■展示設計　　和田雅弘　株式会社伏見工芸
- ■展示施工　　株式会社伏見工芸
- ■映像音響展示デザイン
　　　　　　　田上仁志　国立民族学博物館情報システム課
　　　　　　　井ノ本清和　株式会社エスパ
　　　　　　　岡部　望　株式会社エスパ
　　　　　　　須井隆行　株式会社エスパ

深奥的中国
——少数民族の歴史と現状

塚田誠之 *Tsukada Shigeyuki* 国立民族学博物館教授・特別展「深奥的中国」実行委員長

広大な土地と人類の2割の人口を擁し、経済成長のまっただなかにある中国。
そこに暮らす非漢族の多彩な文化を知り、その動向を注視することは、
中国文化のもつ奥深さの理解へとつながるだろう。

多民族国家中国では55の少数民族が公認されている。人口は総人口13億1448万人（2006年）の8パーセントほどに過ぎないが1億人を超える。少数民族の人口（2000年）は最多のチワン（壮）族の1618万人からわずか2965人のロッパ（洛巴）族まで幅が大きい。少数民族は東北、西北、西南部など中国の周縁の国境地域に多く居住している。少数民族の居住地は国土の64パーセントを占める。山地・高原地域が多い。周縁部は原料とくに鉱産資源の供給地として位置づけられる。政府は「西部大開発」事業や東西の経済格差の縮小に着手した政策を打ち出しているが、依然として経済的には後進地域である。

西南中国の少数民族

少数民族のうち30を越える民族がおもに西南地域を主要居住地としている。西南中国とは、広西、雲南、貴州、四川、チベット東部などの省と自治区を指す。31の民族のうち100万人以上の人口を持つ民族としてチワン族（1618万）、ミャオ（苗）族（894万）、イ（彝）族（776万）、トゥチャ（土家）族（803万）、チベット（蔵）族（542万）、プイ（布依）族（297万）、トン（侗）族（296万）、ヤオ（瑤）族（264万）、ペー（白）族（186万）、ハニ（哈尼）族（144万）、リー（黎）族（125万）、タイ（傣）族（116万）が挙げられる。中国は14ヵ国と陸上で境を接しているが、中国と隣接諸国とにまたがって居住する「跨境民族」が少なくない。

イ族の少年
貴州省威寧県板底郷。1986年。

跨境民族には同系の民族が多い。たとえばヤオ族・ミャオ族は中国西南6省区に居住しているが、ベトナム・ラオス・タイなど東南アジア大陸部諸国にも居住している。また、ベトナムのヌン族は中国広西から移住したものであり、チワン族と同系である。ハニ族（東南アジア側ではアカ族）、ジンポー族（同じくカチン族）、プイ族も跨境民族である。政治的・人為的に画定された国境は必ずしも民衆の生活圏とは一致しない。近年、跨境民族が交易などで往来し国境を相対化する動きが生じている。

大雑居、小集居、交錯居住

中国の少数民族とは政府による認定手続き「民族識別工

ミャオ族
貴州省雷山県大塘郷。2006年。

ミャオ族
貴州省凱里市舟渓。1995年。

ハニ族
雲南省紅河ハニ族イ族自治州元陽県。2005年。

ミャオ族
貴州省雷山県郎徳上寨。2004年。

ペー族
雲南省大理ペー族自治州大理市。1985年。

ハニ族（アカ種族）
雲南省西双版納タイ族自治州勐海県。1991年。

トン族
広西チワン族自治区三江県。2007年。

トン族
貴州省黔東南ミャオ族トン族自治州従江県。1997年。

深奥的中国──少数民族の歴史と現状　11

作」を経て公認されたものである。その認定には、スターリンの定義を中国の実情に応じて改変した基準にそって行われてきた。民族識別工作は人民共和国成立後1953年第一次センサス時から開始され、1979年のチノー(基諾)族の認定を最後に、1982年第三次センサスで55少数民族の識別工作が終了したとされる(ただし現在も民族的帰属が決定していない「未識別民族」74万人が存在する)。

中国の少数民族には下位集団(支系)が存在する場合が多い。ヤオ族の場合、言語によりミエン、プヌ、ラキャの3つに大別され、それぞれの差異が大きい。また、イ族には6大方言区・25小方言区があるとされ、支系が多い。チワン族は内部の文化的な相違は小さいが、南北両方言の相違は大きく、また自称の異なる集団が20以上もあり、人民共和国成立後にそれら多くの集団が1民族として統合され成立したものである。なお、チワン族は広西チワン族自治区にその90パーセントが集居している。中国では区域自治といって五大自治区(広西チワン族、寧夏(ねいか)回族、チベット、内モンゴル、新疆ウイグル)や多くの自治州・自治県が設けられている。しかし、「大雑居、小集居、交錯居住」と言うように、実際には漢族を含む他民族と雑居する場合が多い。五大自治区においてもチベット自治区を除いては漢族の人口がその自治区の主体民族よりも多い。

漢族の拡大と少数民族

中国の歴史は一面では漢族の勢力拡大の過程である。費孝通は民族の観点からみた中国通史を描いた(1)。すなわち、先秦、春秋戦国期において漢族の前身たる黄河中流域(中原)の「華夏(かか)」が周囲の夷狄(いてき)を吸収して拡大した。後、秦漢帝国による中原の統合を経て、五胡十六国、南北朝、唐代、元代に漢族と非漢族の接触が増加し漢族への融合が生じた。また漢族が四方へ移住しその定着的農業や商業を主体とする経済力を基盤に非漢族を含めた地域のネットワークの中心となっていった。西南中国についてみると、四川(三星堆(さんせいたい)遺跡)や雲南(滇(てん)王国)の青銅器文明、広西の銅鼓など古代から中原とは独自の文化が発達した。馬王堆(まおうたい)漢墓で知られる楚も漆器や竹製品で知られ独自の文化を持っていた。ただし中国王朝の版図の周縁にあって、歴史上、(南詔(なんしょう)・大理(だいり)等を除いては)長期安定的な独立政権がほとんど形成されなかった。

漢族の西南地域(チベットを除く)への進出が本格化するのは明初(14世紀末)以降である。初期は雲南や

ミャオ族
雲南省文山チワン族ミャオ族自治州
文山県古木郷。2004年。

貴州に見られるように、入植・駐屯した軍人移民が主体で、非漢族が多数を占める地での拠点確保に重点が置かれた。のち明末清初(16～18世紀初め)に商工業者や農民など民間レベルでの移住が増加し、18世紀初めをピークとする非漢族の首長である土司の廃止政策(改土帰流)の実施もあって移住に拍車がかけられた。広西や貴州では、大量の漢人が来住し、19世紀半までには漢族と非漢族の人口比が逆転した。漢族のなかには移住先で成功し都市と平地に定着したものが少なくなく、その周囲の丘陵地に漢化の度合いの高い非漢族、さらに山地に漢化の度合いの低い非漢族という居住形態が見られた。

このような漢族の勢力の拡大、とりわけその南下移住の趨勢は、非漢族の「漢化」現象をもともなった。ヤオ族(ミエン方言)のように漢字や道教儀礼など漢文化を受容しながらも漢族との間に一定の距離を保つ場合もあったが、チワン族に顕著なように社会変動、文化変容を余儀なくされる場合も少なくなかった。

民族文化はいかに形成されたか

非漢族による漢文化受容について、チワン族には文化の諸般にわたって漢族の影響が認められる。たとえば、男性の衣服は漢族と変わらない。暮らしのなかにも鉄製農具や鍋、陶器の食器、テーブルやイスなどの家具に至るまで漢文化の影響が見られる。年中行事には、春節や墓参・中元節・中秋節の過ごし方など漢族と共通する部分が多い。

文字は人民共和国成立後にラテン文字を用いて文字表記がなされるようになったが、実際には漢字が使われる場合が多い。言語も人民共和国成立後に教育を受けた世代を中心にチワン語のほかに普通語を話すことのできる人が少なくない。

また、1902～1903年に西南中国を踏査した鳥居龍蔵は、貴州のミャオ族の民族衣装について、女性の衣装の素材は以前は麻であったが漢族から木綿を導入し、また刺繍の原料の絹糸も漢族から入っていること、刺繍の模様は固有のものに漢族の模様を交えていることを指摘している(2)。漢族の影響以外に、「近代化」による影響や、非漢族の間でも地域社会での力関係にともなう影響の授受があって、単純に漢族・非漢族の二分法だけでは語れない。さらに、漢族自身にも文化変容があるが、しかし少なくと
も非漢族の文化は漢族をはじめとする外部との交流を経て形成されてきたといえるであろう。

独自文化の保持、そして洗練

非漢族は漢文化を受容したが、しかし他方で、独自の文化もまた保持し続けてきた。たとえば、タイ語系諸民族やチベット・ビルマ語族系の一部の民族に見られる高床式住居が挙げられる。西南少数民族のなかには平屋土間式の住居も見られるが、高床式住居は長江流域以南にふるくから居住していた非漢族「越人」の住居の系統を受け継ぐものとされる(3)。

また非漢族の多くは銀を好み女性の装飾品に用いるが、銀本位制で銀が秤量貨幣として流通した中国王朝からの影響はあるだろうが、非漢族のもとで銀はおそらく動産として重視されたであろう。それは婚礼の際の結納など贈り物にも不可欠とされた。さらに、ミャオ族のもとに銀が悪霊を払う霊力をもつという観念があるという(4)。女性の民族衣装にも民族、あるいは支系によって異なる多彩なものがある。ミャオ族の衣装について、中国で実に173もの様式に分類されるという指摘もある(5)。衣服や刺繍の素材は漢族から導入したが、自文化の伝統に応じて地域・支系ごとに異なる多様な様式に加工したのである。

年中行事について、多くの非漢族が漢族同様、旧暦正月を歳首とし春節を過ごすが、タイ族は仏暦によって4月を歳首とする。春節を過ごす民族の間にも、イ族やペー族のたいまつ祭りやチワン族の歌掛け祭りなど特徴のある行事が並存する。歌掛けは他の少数民族にも見られる。チワン族の場合、行事食にモチ米食品を用い歌を掛け合うなど特徴も見られ、また漢族に由来する行事でもチワン族社会の必要性に応じて内容に変更がなされる場合もあり、文化に独自の要素が漢族的要素とともに並存する点が特徴的である。

中国少数民族のうち12のものが伝統的な文字を持つが、西南中国ではイ族やタイ族やチベット族の文字、さらにはナシ(納西)族のトンパ文字に独自性が見られる。銅鼓や葫蘆絲(フルス、ひょうたん笛)などの楽器、さらには舞踊などにも非漢族の特徴がある。このように非漢族は漢族・非漢族の交流の過程において、漢文化に由来するものを取り入れながらも自文化の伝統を残しつつ、多彩

民族名	人口	おもな居住地	言語系統		
漢族	1,137,386,112	全国各省・市・自治区	漢語		
回族	9,816,805	遼寧、甘粛、河南ほか全国各地			
チワン族(壮)	16,178,811	広西			
プイ族(布依)	2,971,460	貴州			
トン族(侗)	2,960,293	貴州、湖南、広西			
リー族(黎)	1,247,814	海南			
タイ族(傣)	1,158,989	雲南	カム・タイ諸語		
コーラオ族(仡佬)	579,357	貴州			
スイ族(水)	406,902	貴州			
ムーラオ族(仫佬)	207,352	広西			
マオナン族(毛南)	107,166	広西			
トゥチャ族(土家)	8,028,133	湖南、湖北、四川、貴州		シナ・チベット語	
イ族(彝)	7,762,272	雲南、四川、貴州			
チベット族(蔵)	5,416,021	チベット、四川、青海、甘粛			
ペー族(白)	1,858,063	雲南、貴州、湖南			
ハニ族(哈尼)	1,439,673	雲南			
リス族(傈僳)	634,912	雲南			
ラフ族(拉祜)	453,705	雲南			
ナシ族(納西)	308,839	雲南	チベット・ビルマ諸語		
チャン族(羌)	306,072	四川			
ジンポー族(景頗)	132,143	雲南			
アチャン族(阿昌)	33,936	雲南			
プミ族(普米)	33,600	雲南			
ヌー族(怒)	28,759	雲南			
チノー族(基諾)	20,899	雲南			
メンバ族(門巴)	8,923	チベット			
トールン族(独竜)	7,426	雲南			
ロッパ族(珞巴)	2,965	チベット			
ミャオ族(苗)	8,940,116	貴州、湖南、雲南、四川、広西			
ヤオ族(瑶)	2,637,421	広西、湖南、雲南、広東	ミャオ・ヤオ諸語		
ショオ族(畲)	709,592	福建、浙江			
ワ族(佤)	396,610	雲南			
プーラン族(布朗)	91,882	雲南	モン・クメール諸語	南アジア語	
キン族(京)	22,517	広西			
ドアン族(徳昂)	17,935	雲南			
ウイグル族(維吾爾)	8,399,393	新疆			
カザフ族(哈薩克)	1,250,458	新疆			
キルギス族(柯爾克孜)	160,823	新疆	チュバシ・チュルク諸語		
サラール族(撒拉)	104,503	青海			
ウズベク族(烏孜別克)	12,370	新疆			
タタール族(塔塔爾)	4,890	新疆			
ユーグ族(裕固)	13,719	甘粛	チュバシ・チュルク諸語 モンゴル諸語		
モンゴル族(蒙古)	5,813,947	内モンゴル、遼寧、吉林		アルタイ語	
トンシャン族(東郷)	513,805	甘粛			
トゥ族(土)	241,198	青海	モンゴル諸語		
ダフール族(達斡爾)	132,394	内モンゴル、黒龍江			
ボウナン族(保安)	16,505	甘粛			
満族	10,682,262	遼寧、河北、黒龍江、吉林			
シボ族(錫伯)	188,824	遼寧			
エベンキ族(鄂温克)	30,505	内モンゴル	満州・ツングース諸語		
オロチョン族(鄂倫春)	8,196	黒龍江、内モンゴル			
ホジェン族(赫哲)	4,640	黒龍江			
朝鮮族	1,923,842	吉林、黒龍江、遼寧	朝鮮語		
タジク族(塔吉克)	41,028	新疆	インド・イラン諸語	インド・ヨーロッパ諸語	
オロス族(俄羅斯)	15,609	新疆、内モンゴル	バルト・スラヴ諸語		
高山族	4,461	福建	高山諸語	マライ・ポリネシア語	

チベット自治区

● 民族別の人口は、国家統計局人口和社会科技統計司・国家民族事務委員会経済発展司編『2000年人口普査中国民族人口資料』(民族出版社、2003)による。
● 各民族の言語系統は橋本萬太郎編『民族の世界史5 漢民族と中国社会』(山川出版社、1983)をもとに作成した。
● 民族分布図は、国家民委民族問題五種叢書編輯委員会《中国少数民族》編写組編『中国少数民族』(人民出版社、1981)をもとに作成した。

中国56民族一覧と分布図

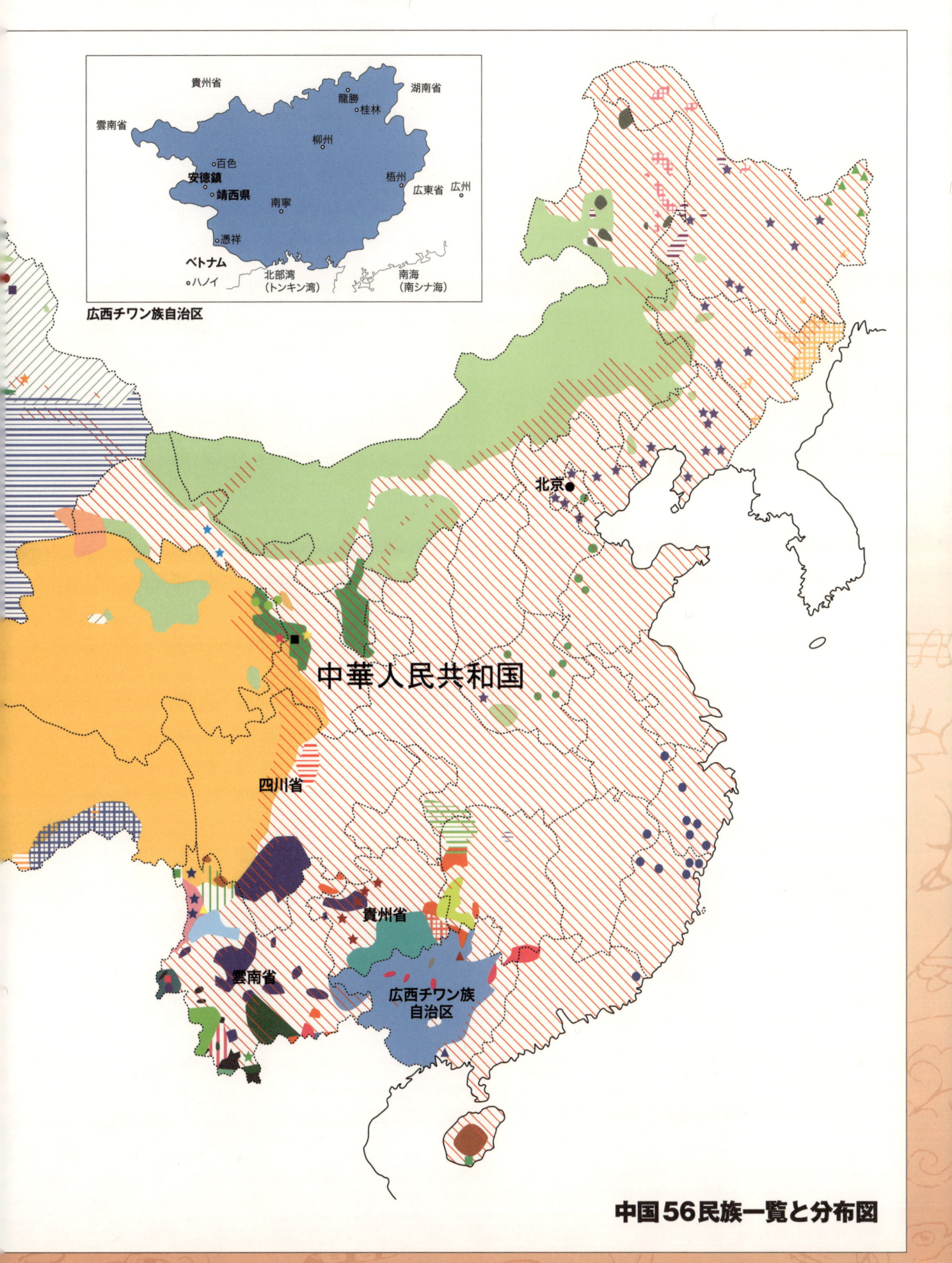

広西チワン族自治区

貴州省 雲南省 湖南省
龍勝
桂林
柳州
百色
安德鎮
靖西県 梧州
南寧 広東省 広州
憑祥
ベトナム
ハノイ 北部湾 南海
（トンキン湾）（南シナ海）

北京●

中華人民共和国

四川省

貴州省

雲南省

広西チワン族
自治区

深奥的中国──少数民族の歴史と現状　15

で特徴のある文化を形成し、そして洗練させてきたのである(6)。

グローバル化のなかの文化形成

1980年代から政府による諸民族の伝統文化の維持と再編の政策、民族地区の経済・観光開発が進められている。前者について、民族文化の諸要素のうち、タイ族の「溌水節」(ポーシュイ)(水かけ祭り)、ヤオ族の「盤王節」(パンワン)(祖先祭)、チワン族の「三月三」(歌掛け祭り)などの伝統的年中行事が政府の主導の下に開催され、民族団結の象徴になりつつある。こうした行事が観光資源として活用されたり、エスニック・シンボルとして、ある行事や事象が特定の民族と結びつけられて表象される場合もしばしば見られる。民族の伝統文化は外部からの影響を不断に受容し新たな要素を盛り込みながら形成されてきたが、それは今も現代的政治・社会の文脈のなかで進行している。

近年、グローバル化の進展の下、観光業が飛躍的に発展し、文化の商品化・産業化が進み、ともすれば民族文化の本来の意味付けから乖離する場合が生じるなど新たな局面を迎えている。文化形成の動きは新たな環境の下で現在も進行中である。非漢族の多彩な文化を知り、その現在の動向を注視することは中国文化のもつ奥深さを理解するうえで意味のあることである。

注
(1)「中華民族的多元一体格局」『北京大学学報』(哲学社会科学版) 1989年第4期、1-19頁。
(2) 1926『人類学上より見たる西南支那』、冨山房。鳥居はさらに、ミャオ族の楽器蘆笙が東南アジア大陸部諸民族のそれと共通し、かつ古代漢族の笙と類似しているが、ミャオ族から漢族へ伝播したものと推定している。また、ミャオ族のろうけつ染めは古代中国にあったのが廃れてミャオ族のもとに残されたとしている(1907『苗族調査報告』、東京帝国大学理科大学人類学教室)。蘆笙やろうけつ染めの伝播は異論があるであろうが、諸般にわたって漢族との交流が行われてきたことが窺われる。
(3) 戴裔煊1948『干欄——西南中国原始住宅的研究』嶺南大学西南社会経済研究所。高床式住居の由来のふるさと広がりについては1972年から行われた浙江省の河姆渡遺跡(最古の文化層は約6-7000年前)の発掘で木造建築遺構が出土し裏づけられた。
(4) 宛志賢主編2004『苗族銀飾』貴州民族出版社。
(5) 呉仕忠等編2000『中国苗族服飾図志』、貴州人民出版社。
(6) 社会体制上の特徴について、ミャオ族にはかつて慣習法にもとづく成文化された規約をもつ社会秩序維持のための組織「款」を持ち、多くの村落が参加した。チワン族の寨老は村落のなかで発生したもめごとを調停した。中国王朝の統治下にあっても基層の社会ではこうした民族の自律性が維持されてきた。

第①部 チワン族の生活世界

第❶部　チワン族の生活世界
中国最大の少数民族

チワン族は、人口1618万人を有し、中国の55の少数民族のうち最大の人口をもつ民族である。その約90パーセントが広西チワン族自治区に居住し、少数のものが雲南・広東・貴州・湖南に居住する。広西のなかでも南寧以西の西部に多い。歴史上、「撞」(南宋～元)、「㺜」(明～民国)、「狼」(明清時代の間接統治地域「土官」地域のもの)などと表記された。また民国期には「㺜話・土話を話す漢人・土人」とも言われた。人民共和国成立後1952年12月の「桂西僮族自治区」の設立をひかえて少数民族「僮族」としての認定が着手され1954年には確定した。1965年からは「僮」と同音で「強壮」を意味する「壮」族と表記が変わり、今日に至っている。チワン族といっても、「ブーヨイ(布越伊)」「ブーノン(布儂)」「ブートゥー(布土)」「ガンヤン(講央)」等20以上の異なる自称をもつ下位集団に分かれている。人民共和国成立後、多くの下位集団を統合して一民族として認定されたのである。

言語は中国では壮侗語族壮傣語支に属するとされ南北ふたつの方言がある。両方言の差異は大きく、実際に両方言区の人が会話をすると聞き取れないといわれる。また、それぞれの方言区のなかでも多くの小方言区がある。貴州省のプイ族やベトナムのヌン族とは同源であり、国境や省境の画定によって異なる民族になったよう思われる。

壁掛け(壮錦)
南寧市

中国では秦漢時代の「駱越(らくえつ)」(「百越」のうちのひとつ)、三国～隋の「俚(り)人」「獠(りょう)人」がチワン族の先民であると指摘されており、元～明初期の貴州・湖南等から移住した事例を考え合わせると、起源が多様な集団と推測される。たとえば、神祇「莫一大王」について、広西西北部から北部へかけて移住した集団が各地で祭るがそれ以外の地では祭られない。チワン族は一定程度共通する文化を共有しながらも、多くのレベルの異なる下位集団が結集して形成された民族集団と考えられる。

チワン族は歴史的に漢族の影響を受容したが、自文化をすべて漢文化に置き換えたわけではない。たとえば、年中行事には、春節や墓参・中元節・中秋節の過ごし方など漢族と共通する部分が多いが、歌掛け、行事食品としてモチ米製品を用いる点などチワン族独自の要素もみられる。また大新県の「霜降節」のように、期日と名称は漢族に由来するが、かつての土官を祭る点でチワン族社会の文脈に応じたものに内容が変えられた場合もある。ともあれ、行事はチワン族的・漢族的両要素が並存した複合的なものと言える。

また、婚姻について、漢族式の婚礼を行うが、かつては婚礼後初生児を受胎するまでの間の約3年間夫婦が別居する習俗「不落夫家(ふらくふか)」が行われていた。さらに、子どもの出生後に行われる「満月」の祝いの場に、子どもの母親の男性親族が大勢参加する。なお、複数の子どもがいた場合、親は末子とともに住む傾向が見られた。また、嫁入り婚のみならず婿入り婚の比率が高く、婿が実子同様の相続の権利を持つ点などにチワン族の特徴が見られる。漢族には見られない同姓婚も普通に行われる。こうした習俗を維持してきたことから、チワン族が漢文化に由来するものを選択的に取り入れながらも自文化の伝統を残しつつ文化形成を行ってきたと言える。

近年、経済発展にともない、従来の水稲栽培のほか果樹栽培や養殖業などの多角経営や国境貿易を含む交易が各地で盛んに行われているが、出稼ぎ労働を目的とする人口流出が顕著に見られ、過疎化が進んでいる。また、刺繍・織物製品が商品化され、歌掛け祭りが観光資源として活用されるなど、文化変容が著しい。

(塚田)

【冠婚葬祭にみるチワン文化】

　チワン族は漢族式の婚礼を行うが、独自性も見られる。たとえば嫁入りの際に夫方・妻方の親族らによって歌の応酬がなされる。また1980年代以前は婚礼後初生児を受胎するまでの約3年間夫婦が別居する習俗「不落夫家(ﾌﾗｸﾌｶ)」が行われていた(現在は形骸化している)。さらに、子どもが生まれて3日～1月後に行われる「三朝(※サム･ハツ)」や「満月(※モッ･ルン)」の祝いの場に、子どもの母親の男性親族が大勢参加する。夫婦の別居や子どもの出生儀礼が通常、初生児にのみ行われること、持参財が子の出生後にもたらされる地域があることを考え合わせれば、それは子どもの父母の婚姻の確定を意味しているであろう。

　生後に母親の実家から子どもの襁褓(むつき)・衣服や米・酒などを贈る習俗は漢族に由来するが、子どもの母親の男性親族が祝いに出席する点は広西の漢族には見られない。妻の父が子どもの命名(幼名)をすることや、子どもの守護神、花王(花婆)(メイワー)を祭ること(注)にもチワン族の独自性が見られる。

　長寿祝いは、61歳、73歳、85歳に行われる地域と漢族式に60歳以降10年毎に行う地域とがある。ご馳走を食べるほか、飾り鏡などの贈り物を贈る地域もある。

　葬式は、広西北部農村では土葬、南部では複葬が一般的である。複葬はいったん仮に埋葬をして数年後、掘り出して骨を洗い甕(かめ)(金壜(ジン ﾀﾝ))に入れて埋葬する。葬儀は道士(※ダウ)が儀礼を行う。　(塚田)

注
祖先を祭る祭壇で行う場合と、母子の寝室に別に神棚をつくる場合とがある。

嬰児用帽子・上衣・ズボン・靴
H215320～23　靖西県
靴は「虎頭靴」とよばれ、
つま先に虎の模様がほどこされている。
子どもの健康と安全を願ってはかせる。

道士用法服
H215335　靖西県
仏像や鳳凰、龍、麒麟などの
縁起のよい動物の刺繍がほどこされた豪華なもの。
チワン族の民俗宗教は、元来あったシャーマニズムと
後に漢族から受容した道教が融合したといわれる。
広西の漢族の道教は仏教・儒教が混淆しているとされる。

帽子飾り
H215455～57　靖西県
子どもの帽子につける銀飾り。
観音菩薩像を中心に「長」「命」の字が浮き彫りにされたもの。
子どもの健康を願う。

20　The Profound Earth —— Ethnic Life and Crafts of China

婚礼
夫の家の前で歌を歌い花嫁の一行を迎える。1993年12月、南丹県。

婚礼
花嫁に付き添ってきた伴娘をもてなすところ。花嫁から夫側に送られる布靴が多く下げられている。1993年12月、南丹県。

[上] **葬式**
道士が死者の魂を浄土に送る超度(チャオドゥー)儀礼で読経をしているところ。2007年3月、龍勝県。
チワン族の葬式は、故人の縁戚の女性が供物のブタをもって葬儀に参加することや、お経をあげるときに民族の神の名を唱えることなどに特徴がある。

[下] **葬列**
葬式の3日目の昼、柩をかついで埋葬にゆく「出殯(出棺)」の光景。
葬式の儀礼の長さは一昼夜から一週間まで、地域によって異なる。2007年3月、龍勝県。

冥屋
H215548　靖西県
死者があの世で住む紙の家。埋葬の際に燃やされる。

第1部　チワン族の生活世界　21

第❶部　チワン族の生活世界
高床式住居に暮らす

高床式住居に暮らす農建業さんの一家
一家が住むのは、広西チワン族自治区西部の靖西県安徳鎮の中華屯という農村だ。
農建業（ノン・ジエンイエ）さんは72歳、左は夫人の梁沢林（リャン・ツァーリン）さん（61歳）、中央は孫の豪傑（ハオジエ）君（6歳、幼稚園児）。右は孫の紫怡（ツーイー）さん（10歳、小学校3年生）。息子（31歳）夫婦は広東へ出稼ぎに行っているので、ふだんはこの4人で生活している。
農村では若者が出稼ぎに行き老人と孫が住む場合が多い。

　高床式住居は中国南部や東南アジアほか広い地域に見られる。中国では長江流域以南の地域に古くから見られる。中国語では「干欄（ガンラン）」と言い、チワン語の意味は「上に作られた家」である(1)。
　文献には晋代に南方では「巣居」するとされ、また現在の貴州・四川にまたがる広い地域に居住していた「獠（りょう）」（『魏書』）や、さらに広東・広西の「俚（り）」（『宋書』）の住居とされている。「獠」「俚」はチワン族の先民と関係が深いようである。考古学的には、約6000〜7000年前とされる河姆渡（かぼと）遺跡にその遺構が見られる。その起源として南方特有の「瘴癘」（しょうれい）（マラリアなどの風土病）、炎暑・湿度の高さや虎・狼などの獣害を避ける、さらに悪霊を避けるなど諸説がある。ふるくから長江以南の「越人」はこのタイプの住居に居住してきたとされるが、「漢化」により次第に消滅していった(2)。チワン族のほか、トン族、タイ族などタイ系の民族やジンポー族、リス族などチベット・ビルマ系の一部の民族に見られる。
　広西では西部・北部の農村部に見られるが、北部のそれは西部よりも大型で広く、生計を別にする子ども夫婦が同居し別々のイロリを使うなど複数の世帯が共住することがある。平地のほか山腹の傾斜地にも建てられる。傾斜地の場合、山側から見ると一層の建物に見える。建築の際には風水で地勢を見る。なお、平坦地・丘陵地でのチワン族の村落は「依山傍水」、すなわち山を背にして河を前にした立地条件のところが選ばれる傾向にあるが、そこにも耕地の確保のみならず風水の影響が見られるようである。
　もっとも重要な家の中心部の柱「正柱（※サオジュン）」（中柱）は日を選んで家の主人が伐るなど伐り出しの方式に規定があり儀礼を行う。縦方向の柱を貫（ぬき）で結合した「穿闘（せんとう）式」構造であるが、最頂部の木材「横樑（ホンリャン）」は多くの場合、妻の父から贈られる。骨組みが完成したら棟上げ「上樑（シャンリャン）」儀式を行う。このとき道士により儀礼が行われ、木匠が屋頂から餅をまき、皆でそれを奪い合って食べる。親族・姻族を呼んで盛大に祝われる。工事開始の日に儀礼を行う場合もある。新築祝い「進新房（※カオ・ルンモイ）」も行われる。
　家の内部には前門（大門、正門）から入って正面の広間の奥に祖先や神祇を祀る祭壇が置かれ、漢字で赤紙にそれらの名が墨書されている。また、前門には門神を貼り、主要な柱には縁起のよい詩句が漢字で書かれた「対聯（トゥイリエン）」が貼られる。前門—祭壇を結ぶ中心のラインの重視、漢字使用や対聯・門神などは漢族の影響を受容している。また「穿闘式」構造やそれを可能にした鉄製工具も漢族から伝播したと言われる(3)。調理は伝統的にはイロリで行われてきたが、漢族式のカマドに変化した家も少なくない。今では靴をはいたまま入り、イス・テーブルを使いベッドで寝る方式だが、この方式も漢族や近代化の影響によるものと考えられる。
　広西中部・東部では漢族の影響により、高床式でない一般の住居に変化している。高床式住居は本来木造建築であるが、近年、コンクリート・ブロックの普及や材木の減少もあって、高床式でも建材にブロックを使用するようになっている。また近年、沿海部へ出稼ぎに行った若者が出稼ぎで得た資金をもってブロック作りの家を新築する動きが広まっている。全般的に高床式でない一般の住居が増えつつあり、高床式住居は減少する傾向にある。

注
(1)「麻欄（マーラン）」（チワン語で「家へ帰る」の意）と書かれる場合もある。
(2) 戴裔煊 1948『干欄　西南中国原始住宅的研究』、嶺南大学西南社会経済研究所。
(3) 覃彩鑾 1998『壮族干欄文化』、広西民族出版社。なお、浅川滋男は貴州のミャオ族やトン族の事例から、「穿闘式」架構、広間を中心にした左右対称的な間取り、柱の寸法、建築儀礼、風水・門神を漢族の影響と指摘している（1994『住まいの民族建築学——江南漢族と華南少数民族の住居論』、建築資料研究社）。

第1部　チワン族の生活世界　23

【高床式住居のしくみ】

木材を使い縦方向の柱を貫で結合した「穿闘式」構造で建てられる。構造上、安定的耐震建築とされる(注)。木材は家を建て替えても建材の一部に再利用されるなど寿命がながい。壁に土壁・版築やレンガ・石を利用する場合や近年ではコンクリート・ブロックを使用することも多い。

1層が牛・ブタ・ニワトリなどの家畜を飼養し農具を置く空間、2層が人間の居住空間になっている。チワン族の場合、1層は建材によって囲われているが、雲南の西双版納のタイ族の場合は開放的である。また、リー族(本地黎)やジンポー族の一部のものは1層部分が低くなっている。2層に上る階段は普通、奇数である。高床式住居は、人間の食べ残しや調理のときに出る廃水・廃物を家畜の餌にしたり、人間や家畜の排泄物からメタンガスをとって電灯や調理用コンロに利用するなど、無駄のない、環境にやさしい資源循環型の暮らしである。1層部分は家畜を飼養するほか、便所を設けたり、ゴミ捨て場になる場合もあり、1層の空間に対する人びとの伝統的な観念が窺われる。

2層について、祖先を祀る祭壇の後方の部屋には女性は住めない場合(龍勝県)、それとは逆に祭壇の後方を女性の部屋にする場合(靖西県)がある。主人や妻の部屋は存命中は動かせないなどの禁忌がある場合もある。

1930年代から1950年代にかけて衛生の観点から高床式住居を変革しようとする政治的な動きが見られた。近年では沿海部へ出稼ぎに行った若者が資金を貯めて漢族風の高床式でない家に建て替える傾向が見られ、高床式住居は減少している。　　　　　　　　　　(塚田)

注
覃彩鑾1998『壮族干闌文化』、広西民族出版社。

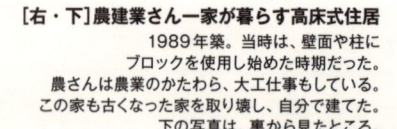

[右・下]農建業さん一家が暮らす高床式住居
1989年築。当時は、壁面や柱にブロックを使用し始めた時期だった。農さんは農業のかたわら、大工仕事もしている。この家も古くなった家を取り壊し、自分で建てた。下の写真は、裏から見たところ。

木造高床式住居
今は少なくなった。龍勝県。

[上・右] 畜舎を分けた住居とブロックの住居
農さんの近所の家。いまではブロックを使い、
畜舎を分ける様式の家になったり、
人畜同居ながらブロックを使った家に変わりつつある。靖西県。

第1部　チワン族の生活世界　25

2層の人間の居住空間。
木材は貴重なので、農さんの家では、前の家(1910年頃建築)の木材を柱や板に再利用している。

梁には飼料用トウモロコシ
(粉にしてブタ・スイギュウに与える)、
化学肥料の入った麻袋が並ぶ。

トイレ

メタンガス・ランプ

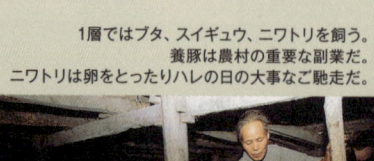

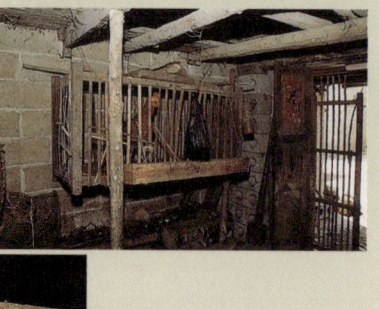

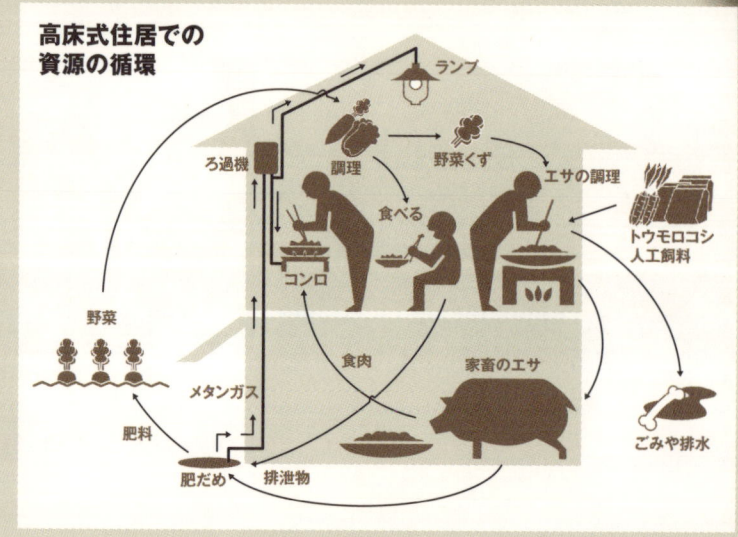

1層ではブタ、スイギュウ、ニワトリを飼う。
養豚は農村の重要な副業だ。
ニワトリは卵をとったりハレの日の大事なご馳走だ。

ベッド

トイレ

高床式住居での資源の循環

ランプ / 調理 / 野菜くず / エサの調理 / トウモロコシ 人工飼料 / ろ過機 / 食べる / コンロ / 野菜 / メタンガス / 食肉 / 家畜のエサ / 肥料 / 肥だめ / 排泄物 / ごみや排水

26　The Profound Earth —— Ethnic Life and Crafts of China

飼料用
大なべ

祭壇

ベッド

米櫃

ド

高床式住居（模型）

[上]イロリ、調理はここで行われる。奥は、飼料用大なべ。
[下]梁からはソーセージと
「臘肉（※ジー・ラッ）」が吊るされている。

台所。排泄物から発生する
メタンガスを利用した
ガスコンロが置かれている。

カマを研ぐ農さん。農具の手入れも重要だ。
住居は仕事の場でもある。

昔ながらの木の米櫃。
米は主食のほか焼酎の材料にもなる。

第1部　チワン族の生活世界　27

神棚
玄関をはいって真正面に神棚が据えられているのは漢族の影響だ。
祖先やカマド神、花王聖母などの神祇を祭る。

祖德流芳
(祖先の遺徳が後世に伝わる)

雁門堂
(堂号といい、父系親族(宗族)の由来の地にちなんでつけられる名前。農さんの場合、山西省の雁門という地を一族の故地とみなしている)

祖安孫旺
(祖先が安寧で子孫が繁栄する)

稼業開先伝百代
(田畑が開かれてからその財産が末永く続きますように)

九天東厨司命灶王府君之位
(カマドの神)

農氏歴代始高曾祖考妣之位
(歴代祖先)

九天衛房花王聖母娘娘之位
(子どもの生育の神でチワン族が重視する)

儒林嗣後慶千秋
(昔の科挙及第者のように知識人が出てその恵みが永久に続きますように)

神悦人和
(神が悦び人が和する)

column 1

アジアの縮図
——中国少数民族の住まい

浅川滋男 *Shigeo Asakawa* 鳥取環境大学大学院教授

エベンキ族やオロチョン族の円錐形のテント、
モンゴル族の円筒形のテントやホジェン族の竪穴住居……。
チワン族の高床式住居のほかにも、
中国少数民族は多様な住まいを生みだした。

中華社会の周辺には古代から東夷・西戎・南蛮・北狄と蔑称された少数民族がいて、漢族と対立しながらも交流を続け独自の文化を紡ぎ出してきた。そのような背景を映し出して住まいは驚くほど多様であり、「アジアの縮図」と言うべき様相を示している。

テントと竪穴住居

数ある住居のなかで最もシンプルな類型はテント。北方や西方の狩猟民・遊牧民の住まいとして知られるが、狩猟民は円錐形で遊牧民は円筒形という違いがある。前者の代表は興安嶺の狩猟系ツングースであるエベンキ族やオロチョン族の「仙人柱」。森林で伐採した股木付の樹木で三脚を組み、垂木を円錐形にめぐらして白樺樹皮のマットかノロジカの毛皮で骨組を覆う（図1）。同じツングースでも、黒龍江南岸のホジェン族（ロシア側のナーナイ）はサケ・マス漁に依存する漁撈定住型の生活を営んでおり、竪穴住居に住み、高床倉庫を付設する。かれらの竪穴住居は片面もしくは両面を切妻にする独特の形状で、屋根全体を土で覆っている（図2）。

遊牧民の円筒形テントとしてよく知られるのはモンゴル族の「包」（パオ、蒙古語でゲル）であろう。かれらは毛皮のマットだけでなく、壁・屋根・煙出の構造材を持ち歩きながら遊動する。円錐形テントから一段進化した構造であり、内部空間も円筒形のほうが格段とひろくなるが、コ字形の座による平面空間の構成は円錐形と円筒形でよく似ている。

新疆のカザフ族のユルタも同型のテントである（図3）。このほか、多数の杭を直立させて毛皮で覆う「黒テント」がチベット族の一部や甘粛のユーグ族で用いられている。黒いテントについては旧約聖書に記載があり、中央アジアを中心とする広範な分布の末端に位置づけられよう。

図1　小興安嶺オロチョン族の「仙人柱」
北米先住民などの住まいとして知られる円錐形テントをツングース系狩猟民も使っている。基本は3脚構造。

図2　黒龍江南岸ホジェン族の竪穴住居
ロシア側でナーナイと呼ばれる漁撈定住型ツングースは竪穴住居に住んでいた。土屋根で入口側を切妻造とする。

図3　新疆カザフ族のユルタ
狩猟民のテントは円錐形だが、遊牧民のテントは円筒形にして内部空間をひろくとる。組立・解体は20分程度。

図4　新疆ウイグル族の「冬の家」
横木を重ねた校倉風の壁に泥土を塗り込んで外気を遮断する。
「冬の家」が遊牧民の通年居住の住まいとなる。

図5　雲南省永寧モソ住居の脇棟
母系制で知られるモソ人（ナシ族の支系）の女たちの宿舎。ここに男が通ってくる。
1階は家畜舎。平屋の母屋はべつにある。

「冬の家」

　狩猟民・遊牧民とも通年でテント居住する場合もあるが、夏と冬で住み替えをするほうが一般的である。たとえば、新疆の南山で移牧するカザフ族は、夏にユルタで山の斜面を転々と移動するが、厳寒の冬になると校倉のような累木壁をもつ小屋に定住する（図4）。累木壁の隙間に泥土を塗り込んで外界の寒さを遮断するのである。こういう「冬の家」が、地域によっては通年居住の住まいになっていった。チベットに近い雲南の西北地域は『史記』などに遊牧民の地として描写されている。そして現在は累木壁住居の卓越地になっている（図5）。遊牧民の「冬の家」が通年住居化と理解している。

吊脚楼と高床住居

　南方の山地で焼畑農耕を営むミャオ族やヤオ族は素朴な平屋建の家屋に住んでいる。海南島ミャオ族の住まいは2室構成の妻入で、正面に開放的な庇をつける（図6）。屋根は茅葺、壁は木舞壁だが、日本のように木舞に藁縄を巻き付けたりしない。木舞に直接泥土を塗りつけているので壁面が剥がれやすい。この素朴な土間式住居が発展すると「吊脚楼（ちょうきゃくろう）」になる。床面の山側を土間として削りだし、谷側を柱で支える半高床式で、日本密教の「懸造（かけづくり）」に近い構造形式である。漢族建築の影響を濃厚に受けた貴州・湖南のミャオ族は山肌の傾斜面に「吊脚楼」の集落を形成している（図7）。

　一方、渓流沿いの低湿地にはタイ族系の少数民族が水田農耕を営み、高床住居に住む。雲南省シーサンパンナの「竹楼」がその代表例（図8）。主要構造材を広葉樹とする以外は床材、壁材、垂木などの屋根材にすべて竹を用いる。注目したいのは「竹楼」の壁。古式のものは垂直壁ではなく、外転びの傾斜壁になっている。このような船底形の壁は新石器〜青銅器時代の家形模型にも確認できる。貴州・湖南のトン族やスイ族もタイ系の民族で、やはり高床住居に住んでいるが、近隣の「吊脚楼」と同様、漢族建築の強い影響を読みとれる。貫を多用する南方漢族の穿闘式構法がのぼり梁や傾斜壁に取って代わっているのである（図9）。漢族の住居と異なるのは「分厚い外壁がなく、屋根を杉皮葺にする」こと、そしてなにより「高床（2階）に住んで、1階を家畜舎・作業場にする」ことである。

図6　海南島ミャオ族の住まい
素朴な平地住居。木舞に縄をまかない壁で、土がぼろぼろ落ちてくる。

図7　貴州省黔東南ミャオ族の「吊脚楼」
ミャオ族の平地住居が傾斜面に適応すると、建物の前面のみ高床の構造となる。構造は南方漢族の「穿闘式」。

図8　雲南省シーサンパンナの「竹楼」
タイ族の高床住居。
とくに注目したいのは古式を残す傾斜壁。

図9　貴州省黔東南トン族の高床住居
漢化した高床住居の典型。材料は広葉杉で、屋根は杉皮葺き。
構造は南方漢族の「穿闘式」を採用している。

第1部　チワン族の生活世界　31

【日常の暮らし】

　農村のチワン族は農繁期には日の出から日没まで農作業に追われる。一日の労働を終えて夕食が家族の団欒の時間となる。夕食後はテレビ番組を見てくつろぐ。日常の食事は米飯を主食とし野菜の炒め物、スープが基本になるが、夕食に豚肉を食べる日もある。肉といえば豚肉が一般的で、ニワトリ・アヒルは来客時や行事の際のご馳走だ。冬季には鍋料理も食べる。現在、都市と農村の間の経済的な格差が著しく、農村では収入が少ないため若者の多くが沿海部へ出稼ぎへ行っており、老人と子どもだけの家庭が少なくない。

　チワン族の女性は働き者で、農作業のほか、家畜の世話、育児、家事、さらには内職の刺繍など忙しい。中国では男性も家事をし、あざやかな料理の腕前を持つ場合が多いが、その点はチワン族も同じだ。近年カラーテレビがかなり普及しているが、洗濯機や冷蔵庫は普及していない。洗濯は川辺や泉のところで手作業でし、肉・魚・豆腐などは近くの街(鎮・郷政府所在地：注)に行って買う。鎮・郷で開かれる定期市には商品が豊富で、日常の暮らしは便利になっている。家畜の養殖や商品作物の栽培などで現金収入を得る機会が増加しているが、他方で化学肥料購入や医療費、子どもの教育費など支出もかさむ。2006年から小学校・中学校の学費が基本的に免除されたが、医療費負担など農民の負担はまだ小さくない。

注
中国の行政区画は、上位のものから「省」級(直轄市・省・自治区・特別行政区)、「地」級(市・地区・自治州・盟)、「県」級(市轄区・県級市・県・自治県など)、「郷」級(鎮・郷・街道など)に分かれる。

農建業さんの一家

イトコ(右)と遊ぶ姉弟
姉の紫怡さんは幼名チュウイエという。
村では初生児の幼名をとって祖父は
「チュウイエのおじいさん」、
祖母は「チュウイエのおばあさん」で通る。

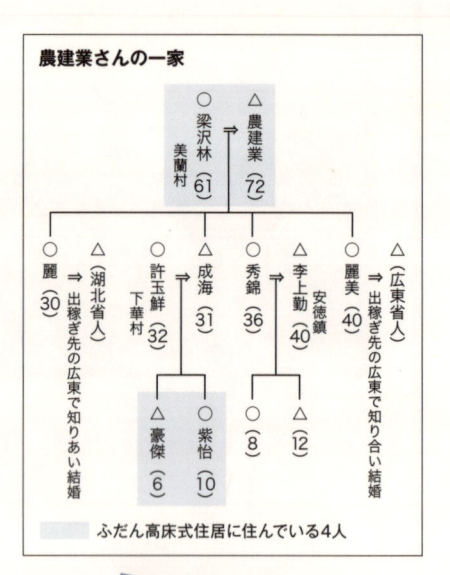

小学校の教科書
靖西県
授業は漢語で行われる。祖父母はチワン語しか話せないが、
子どもはチワン語と漢語のバイリンガルという家庭が多い。

子ども服
靖西県
リュックには教科書や筆記道具を入れる。
小学生は昼は家に帰り昼食をとる。
2時間弱の昼休み以外は
朝8時から夕方5時まで授業だ。

32　The Profound Earth —— Ethnic Life and Crafts of China

祖母の日常服
靖西県

祖父の日常服
靖西県

[右] 農建業さんとスイギュウ
スイギュウの放牧は祖父の仕事だ。
まだ機械化が進んでいないので
スイギュウは田起こしなど農作業に欠かせない。
[左] 調理をする梁沢林さん
臘肉は切って炒めて食べる保存食。
祖母は料理上手で働き者だ。
農村では子どもも洗いものなど家の手伝いをする。

第1部　チワン族の生活世界　33

※ チワン族の生活空間

村 中華屯

約2km
徒歩30分

農さん一家が暮らす安徳鎮中華屯は、
農業を中心とする小村。川で洗濯をしたり、
水浴びをしたりする昔ながらの暮らしがみられる一方で、
カラーテレビの普及率は高く、DVDプレーヤーなども
けっこう普及している。

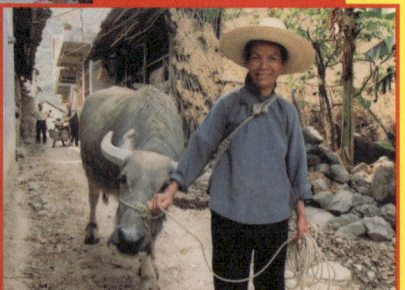

安徳鎮

街

村から歩いて30分。
安徳鎮の町では、日用品ならほぼなんでもそろう。
生鮮食料や食肉などもここで手に入る。
冷蔵庫のない村の暮らしをささえている。
定期市の日は、町全体がさながら
スーパーマーケットのようだ。
インターネットカフェもある。

約5km
徒歩約1時間

お墓

お墓のある場所は、風水によって選ばれる。
農さん一家のお墓は、
村から約5キロ離れた山の中腹にある。

34　The Profound Earth —— Ethnic Life and Crafts of China

大都市 広州

広東省の省都で、人口約713万人。上海市、北京市、重慶市に次ぐ中国第4の大都市。広州で働く出稼ぎ労働者は400万人ともいわれる。今年は大雪のため列車が不通となり、春節を故郷で迎えようという出稼ぎ労働者50万人以上が広州駅で足止めされているというニュースが日本でも報じられた。

● 出稼ぎ

現在、中国では1億を越える人びとが内陸から沿海部へと出稼ぎ移住をしているといわれる。夫婦で行く場合も多く、農村では老人と子どもの姿がめだつ。出稼ぎ先での日常的なつきあいの範囲は血縁関係者や同郷出身者が多い。また職場の同僚とも一緒に仕事をしているので連帯感が生じやすい。しかし、同じ民族の出身ということは必ずしも連帯の要因になりにくい。彼らの民族意識はどちらかといえば希薄だが、ただ食品などにその民族の嗜好性が表れることもある。

約1,000km
バス約18時間

52km
バス約1時間

都市 靖西県

靖西県の人口は約60万。県庁所在地である県城には、デパートや巨大な市場がある。三輪リキシャが庶民の足として大活躍し、携帯電話を売る店が軒を連ねている。

第1部　チワン族の生活世界

column 2

公務員を生む家屋
——トン族の住宅風水

兼重 努 *Tsutomu Kaneshige* 滋賀医科大学准教授

中国西南部において、風水は漢族文化の受容度が高い
いくつかの民族に広く流行していると考えられる。
タイ系の言語を話すトン族もそれに該当する。

　風水は「古代中国に発し、現代東アジアおよび東南アジアその他の周辺地域にも影響の及んだ、独特の環境判断、環境影響評価法、相地卜宅(1)の方法論の総称」と定義される(2)。風水は死者のすみか（陰宅）にかんする「陰宅風水」（「墓地風水」）と、生者のすみか（陽宅）にかんする「陽宅風水」に大別される。さらに後者は人間の住む場所の区別により、「都城風水」（都市コミュニティにかんする風水）、「村落風水」（村落コミュニティにかんする風水）、「住宅風水」（住まいにかんする風水）の3種類に下位分類できる。

　中国大陸に住む少数民族のあいだでは漢族文化の受容の程度は一様ではない。風水は漢族文化の受容度が高いいくつかの民族において広く流行していると考えられる。タイ系の言語を話すトン族もそれに該当する。トン族はおもに水稲耕作を営み、その人口は296万人（2000年）である。大部分が漢民族居住地域からそう遠くない、貴州省、湖南省、広西チワン族自治区の境界地域の農村に居住する。

日理先生と地理先生

　筆者の調査地は広西の三江トン族自治県のトン族農村である。地元では風水の専門家は、日理先生と地理先生に区分されている。前者は、おもに日時の良し悪しを判断する専門家である。後者はそれに加えて、墓地、家屋や集落にかんする地形判断ができる専門家のことをいう。

　トン族は木造の高床式住居に住む。風水では、家屋を建設する際に良い日と時刻を選ぶことがたいへん重要である。とくに大事なのが柱たてと棟上げをおこなう日時の選択である。理想的な日時は限られている。そのため、同じ日、同じ時刻に複数の家屋でほぼ一斉に柱たてや棟上げがおこなわれることがしばしばある。日時の良し悪しは素人では判断できないので、日理先生や地理先生に依頼するのが普通である。

家並み
筆者の調査村の家並み。

日理先生
公共建築物の柱たての儀礼をとりおこなう日理先生。

棟上げ
家屋の棟上げの様子。

注
(1) 相地とは土地を選定して位置を定めることである [渡邊 2001：84]。また「卜宅」とは住まいの建設の可否や建設すべき場所や時間などについて判断することをさすと思われる。

(2) 渡邊欣雄　2001　『風水の社会人類学：中国とその周辺比較』風響社　37頁

回 3本の筆の方向

　住宅風水の良し悪しの重要な基準のひとつは、家屋の建設地点や向きである。筆者がお世話になっている家族は二十数年前、村の地理先生に自宅の風水をみてもらったことがある。地理先生は、「あなた(の住む家屋)は3本の筆の方を向いている」といったという。その家屋は3つのくぼみをもった山の方を向いている。地理先生はその山を「筆架」にみたてて、そういったのだ。筆架とは筆をもたせかけるくぼみのついた文具のことである。

　現在、この家族の5人の息子のうち3人が公務員となっている。三男は大学を卒業し、工商局に入った。五男は専門学校を卒業し、消防局に就職した。次男は中学卒ではあるものの、木材管理所で職を得た。読み書き能力に優れた人でないと就職が難しいとされる公務員への就職は、中卒を超える「高」学歴者が少ない農村においては羨望の的なのである。

　5人兄弟の父親は、地理先生の言葉どおりになったと、筆者に語った。筆は読み書き能力を象徴する。3本の筆の方を向く家屋に住む家族から、3人の読み書き能力に優れた人が輩出される――これは典型的な風水の因果関係のとらえ方の一例である。

棟上げの儀礼
公共建築物の棟上げの儀礼をとりおこなう大工(前方)と日理先生(後方)。

第1部　チワン族の生活世界　37

第❶部　チワン族の生活世界
チワン族の一年

チワン族の農繁期は4月に水稲の種まきが始まってから9月に収穫するまでの時期である。ほか広西西部では2月末に早稲の種まきを（6月に収穫）、冬にトウモロコシ（7～8月に収穫）やダイズ（6月に収穫）、小麦（4月に収穫）の種まきをする。近年は果樹やタバコなど商品作物の栽培が奨励されているが、いずれにせよ定着的な水稲農業が生業の主体であり続けた。

農事暦に対応して年中行事が行われる。旧暦（太陰太陽暦）によって春節（正月）を歳首とし、以下、「三月三」、端午節、中元節、中秋節を過ごす。地域によっては、旧暦2月2日・8月2日の社神節、4月～6月の牛魂節、6月上旬の土地神祭・莫一大王節、9月9日の重陽節、12月の竃神祭などが行われる。漢族が重視する冬至節は行われない地域が多い。

春節、中元節がとくに盛大で、嫁出した娘が子どもを連れて帰省する。正月・2月はその年の豊作の予祝をし、春、「三月三」の墓参が終わったら田起こしをして水稲の種まきをし田植えが終わり除草など農事に追われる6月に豊作を祈り、秋に収穫祝いをするなど、水稲農業と行事は対応している。なお、多くの場合、村ごとに土地公廟や社神が祀られており一年を通して年中行事の度に人びとが参詣する。それらは村落を守護し人びとの平安や五穀豊穣をもたらす神祇として重視される。

チワン族の年中行事の特徴として指摘されるのは、チワン族的・漢族的両要素が並存している点である。行事の内容にチワン族の独自性が見られる場合でも漢族的行事の構成部分に組み入れられたり、チワン族に起源をもつ行事にもその内容に漢族的要素が認められる。上記の行事はチワン族に起源を持つ莫一（モーイー）大王節を除いては漢族から受容したか、もしくは期日・名称・内容の上で漢族的な要素が認められるものである。牛魂節は期日は地域によって4月8日・5月5日・6月6日に分類される。牛魂節の期日は漢族に由来し、漢族のもとではそれぞれ灌仏会（かんぶつえ）・端午節・衣服書籍の虫干しや土地神祭の日である。

「三月三」の墓参はチワン族に多く見られるが、元来の行事の期日は漢族に由来し、墓参の方式も漢族的要素が濃厚である。しかし漢族的な要素の濃厚な行事でも歌掛け、行事食品としてモチ米製品を用いる点にチワン族独自の要素がみられる。歌掛けは3月のそれが盛大であるが、歴史的に見ると行事のたびに行われてきた。このように漢族的要素を受容しても自文化の特徴が維持されてきたのである。

なお、近年、多くの若者が沿海部へ出稼ぎに行っているが、漢族を含む中国人にとって最大の行事である春節に休暇をとって帰省する。また、都市部では行事の過程が簡略化されるなど変化が見られる。

（塚田）

靖西県安徳鎮中華屯行事表

期日は太陰太陽暦（旧暦）による

期日	名称（漢語）	おもな活動
1月1日～15日	春節	年越し、除夜（12月30日）にご馳走を食べ一家で団欒。2日以降年賀。嫁出した娘が帰省。街では龍舞・獅子舞。チマキをつくる。
2月2日	土地公祭り	土地公（村民の平安を守り作物の豊作をもたらす）廟へ参詣。新仏はこの日に墓参をする：2年たったら普通通りに3月にする。
3月3日	三月三	墓参、歌掛け。五色のオコワをつくる。
5月5日	端午節	牛の角の形のチマキをつくる。
7月14・15日	中元節（鬼節）	祖先と無縁仏の霊を祀る。嫁出した娘が帰省。アヒル、ビーフンを食べる。
8月2日	土地公祭り	豊作祝い
8月15日	中秋節	賞月、灯籠祭り、ザボン灯。月餅を食べる。
9月9日	重陽節	新米を食べる。

＊春節、三月三、重陽節にニワトリを殺して食べる

春節 ※ルンジン

　チワン族の年中行事のうち最大の行事、旧暦正月。12月30日の除夜の日に家内の大掃除や対聯の貼り替えをし、夜はご馳走を食べて家族で年越しをする。一家揃って食事をし新年の到来を祝うのは伝統的だが、対聯の貼り替え、祖先祭祀、年賀の礼俗などは漢族から受容したように考えられる。かつて地域によっては除夜に村の長老が集まりニワトリの骨で新年の豊凶を占う「鶏卦」をするなど伝統的な習俗も見られた。それはニワトリの脚骨の表面の小さな穴に竹片を挿して竹片と骨面との角度を見て吉凶を占うのである。

　春節には沿海部へ出稼ぎに行っている若者の多くが一年に一度帰省する。夫婦で行っている場合も多い。正月の行事食として靖西県ではモチ米を使った大きなチマキをつくり、ブタを殺して塩漬けにしていぶした保存食「臘肉」※ジー・ラッを作る。この肉は正月に始まり、行事のたびに、また接客の際のご馳走として食べる。

　正月2日以降、嫁に行った娘が里帰りをする。地域によっては歌掛けが行われる。その年の豊作を祈る綱引き行事の行われる地域もある。正月期間中、1月15日の元宵節までの間、県城では龍舞が盛大に行われる。県城では近郊の農村から来て獅子舞をする光景も見られる。龍舞も獅子舞もそれらが来た街の商店や民家では祝儀を出さねばならない。

（塚田）

[上・下]正月用品を売る露店
対聯や縁起の飾り物、爆竹など正月用品を売る露店。旧暦正月前に県城ではこうした露店が多く立つ。1999年2月。靖西県県城。

正月飾り
南寧市
2007年は亥年であったが、
中国では亥はブタを意味している。

第1部　チワン族の生活世界　41

[左] 正月飾り
南寧市
中国では赤い色はめでたい色だ。

[中] 正月飾り
南寧市
魚は中国語で「余る」(ユィ)と同音なので
豊かなことを意味し縁起がよい。

[右] 正月飾り
南寧市
「中国結び」のひとつ。縁起のよいひも結び。

対聯、門神の貼り替え
除夜の日に対聯や門神の
貼り替えをする。
写真は高床式住居1層の
畜舎の門神を
貼っているところ。
1999年2月。靖西県。

年越し
除夜の夜に一家が団欒して
年越しをする農建業さん宅。
沿海部へ出稼ぎに行っている
息子が帰省する。
1999年2月。靖西県。

42　The Profound Earth —— Ethnic Life and Crafts of China

正月飾り
南寧市
「福」の字の前にあるのは、富の象徴である元宝(昔の貨幣)。

貼り替えられた対聯や門神
1999年2月。靖西県。

第1部　チワン族の生活世界　43

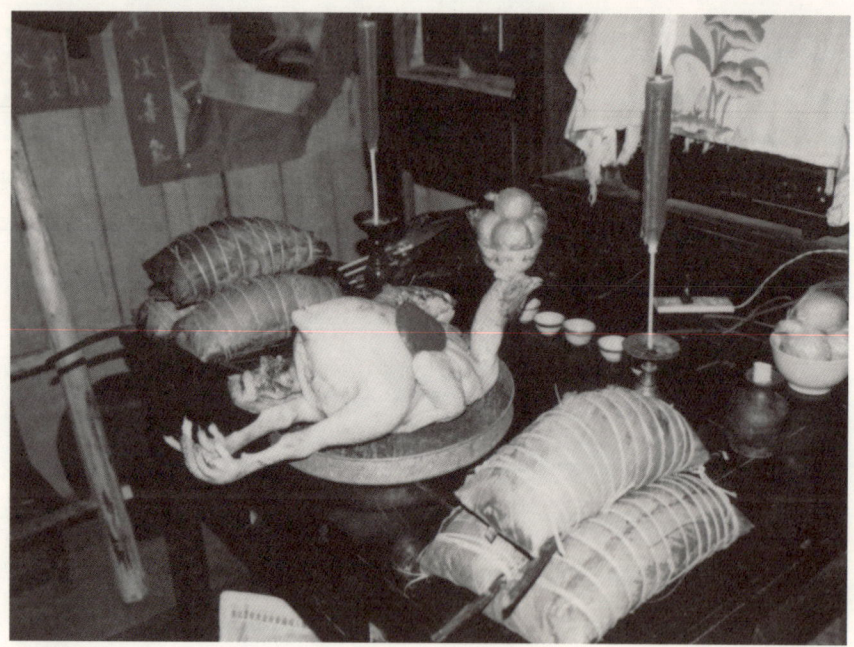

正月の祭壇
ニワトリ、チマキが不可欠だ。1999年2月。靖西県。

獅子舞
靖西県では獅子は1頭のみで、カンフーの型を披露する人の動作にあわせて舞う。1999年2月。靖西県県城。

44　The Profound Earth —— Ethnic Life and Crafts of China

正月のチマキ
靖西県では長さ30センチメートルはあろうかという
大きなチマキをつくる。
餡も小豆(左)、緑豆(右)などがある。
1999年2月。靖西県県城。

「臘肉」づくり
正月前にブタを1頭殺して、肉を塩漬けにしてから
イロリの煙でいぶして保存食「臘肉」をつくる。
1999年2月。靖西県安徳鎮。

ソーセージづくり
ブタ肉で自家製のソーセージをつくる。
臘肉やソーセージは正月のご馳走として欠かせない。
1999年2月。靖西県安徳鎮。

龍舞
1月2日から15日まで昼夜分かたずおこなわれ、沿道の見物人が爆竹を投げつける。
獅子舞・龍舞とも家に来たら祝儀を出す。1999年2月 靖西県県城

第1部 チワン族の生活世界

【三月三 ※サム・ウッ・サム】

　旧暦の3月3日は「三月三」といい、当日あるいはその頃に墓参や歌掛けを行う。漢族や一部の地域では清明節に墓参を行うが、靖西県西部などのチワン族はこの日に行う。元来、三月の上巳(最初の巳の日)に水辺で心身の汚穢を洗い清める「祓禊」であったが、後に3日に固定され、唐代以降行楽的な出遊が主体となり、さらに宋代には清明節の墓参の普及とともに出遊も清明に移行した。期日は漢族から受容したが、三月上巳節の名残を留める点で漢族には廃れた行事がチワン族のもとに残されたと考えられる。

　また、調理済みの供物を墓前に持参して焼香し、紙銭を燃やしたり短冊形に切った紙銭を墓に掛けるという祭祀の方式は漢族から受容したものである。ただし行事食として植物の色素で五色に染めたオコワをつくるのはチワン族の特徴である。歌掛けも独自のものである。なお、この時期に筒に火薬を詰めて鉄輪を高く打ち上げて奪い合いその年の豊作を予祝する行事「搶花炮(※シン・バウワー)」を行う村もある。

(塚田)

墓に供える供物
H216041・H216045・H216046 ほか　靖西県　複製
供物として調理したニワトリのほか、五色に染めたオコワが欠かせない。

46　The Profound Earth —— Ethnic Life and Crafts of China

五色のオコワ
酒つぎ
ブタ肉の油あげ
ニワトリの水煮
ソーセージいため
トウフの油あげ
ピーナッツいため

[左・右]三月三の墓参
墓の位置は風水によって決められる。2007年4月。那坡県龍合郷。

始遷祖の墓に参る
この日には付近に分散している祖先の墓を順番に拝む。
2007年4月。那坡県龍合郷。

第1部　チワン族の生活世界　47

火炮打ち上げ用筒
H215581〜84 靖西県
筒は本来は竹ひごで枠組をつくり
紙をはったもの。

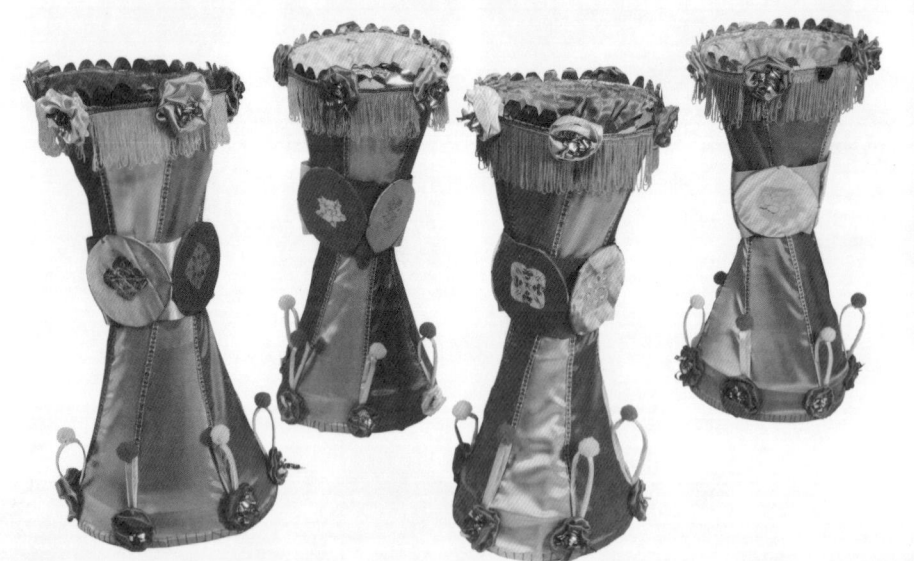

[上]祭壇
祭壇をつくって、観音菩薩像を中心に、真武大帝、華光大帝、関帝の計4つの神祇の神位を安置する。それらの神へ奉納するため、4発打ち上げられる。
1996年4月5日。靖西県大道郷。

[下]鉄輪を得た女性たち
彼女たちには賞金が与えられる。この年(1996年)は危険防止のため若い女性のみが参加した。
1996年4月5日。靖西県大道郷。

● 搶火炮 ※シン・パウワー、そうかほう

筒に火薬を詰めて鉄輪を高く打ち上げて奪い合い、その年の豊作を予祝する行事。清代には広西東部の都市の漢族居民のもとで旧暦2月2日の「春社」の豊作祈願の祭祀行事の一環として行われたが、後にチワン族やトン族の行事として行われるようになった。観音菩薩(子授けの神)や関帝(商売の神)・真武大帝(最高神)などへの奉納という形で行われる。

搶火炮
小さな鉄の輪を高く打ち上げそれを奪い合う。1996年4月5日。靖西県大道郷。

48 The Profound Earth —— Ethnic Life and Crafts of China

[上・中・下] 抛繡球
10メートルもの高さに立てられた輪に小さな繡球を通す。
今は娯楽化しているが、昔は男女の間で歌掛けの際に
相手に愛情を表示する小道具として使われた。
1999年4月。靖西県旧州街。

● **抛繡球** ※トッ・トゥム、ほうしゅうきゅう

元来はチワン族の若い男女が集団で歌掛けを行う際に刺繡をほどこした球をほうりあい配偶者を探すものだったが、民国期から一種の娯楽的な競技へと変化した。それは輪あるいは木板に小さな穴をあけたボードを10メートルほどの長さの竹棒にくくりつけて高くかかげ、繡球を抛り穴を通過させるというものである。なお、繡球は縁起物・装飾品として商品化されて広西の定番の土産物となっている。

繡球
H215206・H215223・
H215308 靖西県
表面に刺繡がほどこされた繡球。
今ではチワン族の
エスニック・シンボルとして
広西の定番の観光土産として
商品化されている。

第1部 チワン族の生活世界 49

[女] na:n² kwa² hau¹ kəu³ khau³ pai¹ nøi⁶
難過 壕溝 進 去 取暖
あなたを愛しているけれど暖を取るのに溝を越えて行きにくいです。

lo⁶ po⁴ pan² jau¹ mei³sai³ həy⁵
種類 不成憂愁 不要 担愁
どうぞご心配なさらないで。

pja¹ ta⁶ tsoŋ⁵ kwei⁵ nam⁴ta⁶ θau²
魚河 総帰 水河 洗
魚に河水が欠かせないように女には男が必要です
（私にはあなたが必要です）。

[男] tsiŋ⁴ pat⁷ ko⁴ ŋei² wan² θap⁷ θei⁵
養鴨 也 盼 天 十四
アヒルを飼うのは7月14日の中元節の祭りに殺すためです。

θo:k⁷ta⁶ mo:i⁴ tei⁶ mo:i⁴ man¹tsau²
碼頭河 毎地 毎 臭腥
この日、川辺の水の流れ口は至るところ
アヒルを殺すときにニオイがします。
（水の流れ口とアヒルの関係のように、
あなたと二人で川辺に一緒にいたいです）。

[女] te⁴ tsai¹ ma:k⁹ŋan⁴ po⁴ thu¹ ʔnan⁶
将要種 龍眼果 在 頭 村
村の入り口にリュウガンの木を植えましょう。

hɔːi3 teʔ khjoːn3 khəuŋ2 tuʔ katʔ

譲 它 在一起 只 蝙蝠

リュウガンの果実を好んで食べるコウモリを
一緒にいさせましょう
(コウモリがリュウガンを好んで食べるように、
私を愛して下さい)。

歌掛けの歌詞
チワン語の音（赤字、青字の部分は韻を踏んでいる部分
チワン語と意味の同じ漢字をあてはめたもの
日本語訳

【歌掛け ※ハンダン】

　中国南部の少数民族は歌をこのむ。歌掛けはチワン族のシンボル的な行事である。とくに1960年代初期の歌劇「劉三姐(リュウサンジェ)」の流行によって一躍知られるようになった。

　春節・元宵節・社神祭・端午節・中元節・中秋節にも行われ、地域によって会期が異なるが、旧暦3月に行われるものがよく知られている。明代末期の頃には男女が配偶者を選択する場であったが、今では娯楽として行われる。その起源には諸説があり、配偶者選択、農作物の豊穣の祈願と祝賀、人畜の平安の予祝などが挙げられるが、3月に行われるものは史料の記載からすると配偶者選択の目的が強かったよう推測される。

　即興で機転の効いた歌をつくりチワン語で独自の韻律・リズムで歌われる。旋律は県内でも地域によって異なるが、比喩を多用し規則的な押韻をするなど一定の技量が必要である。比喩は、女を月、男を月の周りを回る星にたとえたり、女を花、男を蝶に、女を魚に、男を水にたとえるなど相互に密接に関わる事物が用いられる。最近では政府の主催するコンテストが行われる。近年、カラオケやCDなどの普及で若い世代の間では廃れつつある。　　　　　　　　　　（塚田）

歌掛け
鎮政府主催のコンテストとして行われる歌掛け。
2007年4月19日（旧暦3月3日）、靖西県化峒鎮。

column 3

歌声響く春の村里
―― チワン族の歌掛け

手塚恵子 *Keiko Tezuka* 京都学園大学准教授

祭りの日のたそがれどきに、道行く人に歌をうたいかける。
うたいかけられた人が歌を返し、それを立ち止まって聞く者が現れる。
夜のとばりのなかに歌声が重なり、
やがてそこは、えも言われぬエクスタシーに満ちあふれる

　降り続いた春雨が晴れると、チワン族の歌掛けの季節が始まる。歌掛け祭が、旧暦の3月3日から4月8日までの一月の間に、ここかしこの村里でおこなわれるのである。自分は歌い手であるという自負のある者たちは、好敵手が昨春にうたった歌を思い返し、今度こそはと密かに闘志を抱き、よき聞き手である者たちは、この春はどのような歌に出会えるだろうかとわくわくしながら、この一月を暮らす。

　歌掛け祭りはシンプルな作りである。祭りの日のたそがれどきに、道行く人に歌をうたいかける。うたいかけられた人が歌を返し、それを立ち止まって聞く者が現れる。やがてその人垣が二組になり五組になり十組になり、夜のとばりのなかに歌声が重なるように聞こえるようになると、祭りも佳境である。

◎ 関心は声よりも比喩

　ゆったりとしたリズムの旋律があちこちから繰り返し繰り返し聞こえてくる。この旋律は美しいけれども、人々の関心は歌い手がいかに美しい声を持っているかよりも、いかに豊かな比喩をうたうかに向かう。

大化のダムが完成したのだ / ランプの灯火はもはや必要なし / 客間も台所も / 壁の隙間から光がこぼれる

　この歌は聴衆を感嘆させた、豊かな比喩を持つ歌である。むろん大化のダムを言祝いだものではない。聞き手はこれを次のように解釈する。

私のうたう歌とあなたがたのそれとは比較にならない / 私のうたうものは全て / ひとつひとつの句が美しい

◎ よい返歌の条件

　チワン族の人たちは、歌の言葉が喚起する景と歌い手の伝達意図が乖離していることをもって、この歌には比喩があるという。先にあげた歌は、この二者が絶妙の距離感を持っているので、賞賛されたのである。それではこの歌への返歌はどのようなものであったろうか。

何十年もやっているのに / テーブルに足さえ付けることができない / 手足が器用だそうだが / 果たして丸いホゾ穴をあけることができるだろうか

　返歌は、先の歌の伝達意図に的確に応える意図を持ち、かつ先の歌とは異なる景を紡ぎ出していなければならない。この歌はその責務を見事に果たしているといえるだろう。

　比喩の応酬がハイレベルに展開されたとき、歌の掛け合いの場はえも言われぬエクスタシーに満ちあふれる。それが楽しい。

歌掛けを楽しむチワンの人びと
旧暦3月3日、靖西県旧州街の町外れの野原では、歌掛けを楽しむ人であふれていた。2007年4月。

[男] fai² jou⁵ kjaŋ¹ θam¹ ʔdut⁷ rou⁶ ŋɔŋ¹

火在中間心暖烘烘

火があれば心が暖まります。あなたの言葉はまるでこの火のよう。

【中元節】 七月十四、※ジャッ・ウッ・サプセイ

　旧暦7月中旬に祖先と無縁仏の霊を祭る年中行事で、「鬼節（グイジェ）」「七月半（チーユエパン）」とも呼ばれ盛大に行われる。春節に次ぐほど盛大に行われる。祖先の霊を迎え、祭り、そして送る。行事の期日や紙銭などを燃やす行為は漢族から受容したものと考えられるが、チワン族の先民のもとで霊魂とくに無縁の孤霊を畏怖する死霊観念があったゆえに容易に受容したよう推測される。この点について17世紀の史料に、チワン族はこの日に外出せず、「鬼魂を避ける」という記事がある（康熙『上林県志』）。

　供物としてはアヒルが用いられる。紙銭・紙衣を燃やして祖霊に捧げる。行事の期間が一週間ほど続き新仏を先に祀る地域もある。また漢族と期日が異なる場合もある。靖西県では7月14日、15日に行われ、行事の終わる日の夜には祖先に送る紙衣や、不吉なことを封じ込めるため人形をつくり、芭蕉の葉茎でつくった船に竹串を用いて挿して川に流す。祖霊の送迎に門前や路傍に線香を立てる地域もある。行事の内容は漢族と大差がないが、チワン族の場合、嫁出した女性が期間中に里帰りをする。地域によっては期間が長く、期間中に歌掛けを行う。

（塚田）

供物のアヒルを買い求める
供物にアヒルは欠かせない。街の定期市でもアヒルが多く売られる。2007年8月25日。靖西県安徳鎮。

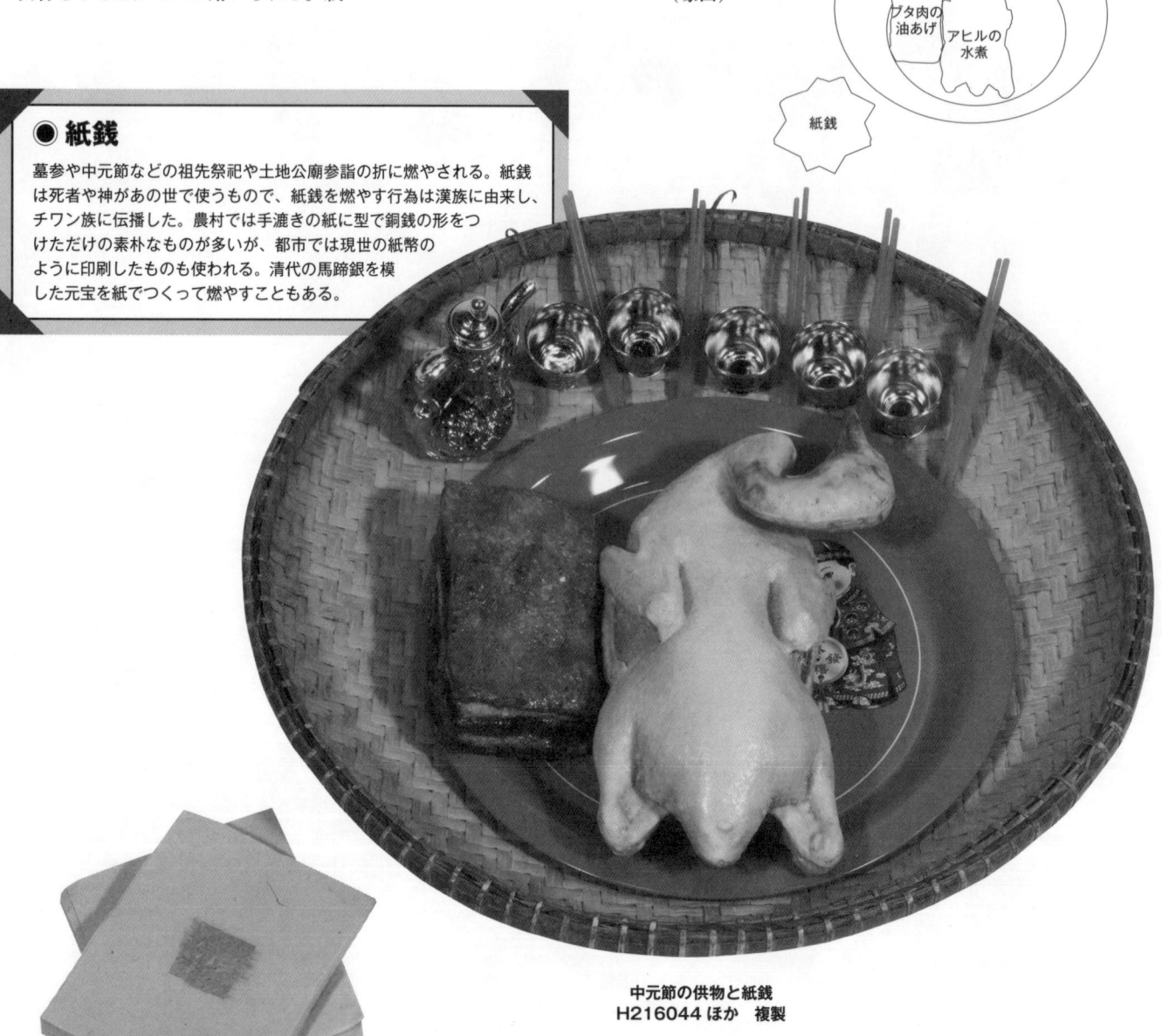

● **紙銭**
墓参や中元節などの祖先祭祀や土地公廟参詣の折に燃やされる。紙銭は死者や神があの世で使うもので、紙銭を燃やす行為は漢族に由来し、チワン族に伝播した。農村では手漉きの紙に型で銅銭の形をつけただけの素朴なものが多いが、都市では現世の紙幣のように印刷したものも使われる。清代の馬蹄銀を模した元宝を紙でつくって燃やすこともある。

中元節の供物と紙銭
H216044 ほか　複製

川に流す
中元節のフィナーレ。紙衣や人形を竹串に挿して船をつくり川に流す。2007年8月27日。靖西県安徳鎮。

紙衣をつくる
2007年8月26日。靖西県中華屯。

紙銭を燃やす
家屋の前門のところで紙銭を燃やして天地の神を祭る。家内の祭壇、玄関、家畜小屋、土地公廟の順に祭る。
2007年8月26日。靖西県中華屯。

第1部　チワン族の生活世界　57

【中秋節 八月十五、※ベッ・ウッ・サブハー】

　旧暦8月15日に、供物を捧げて賞月が行われる。供物はニワトリ、果物、サトイモ、月餅などだが、月餅はこの日に欠かせない。一年間でこの時期の満月が最もまるく、また収穫祝いの意味あいがあって発展した。漢族の間では三大節句のひとつとして盛大に行われる。

　チワン族のもとに月占いはふるくからあったようだが、賞月の方式は後に漢族から受容した。靖西県の県城ではウサギや鳥類の形をした灯籠がつくられる。竹ひごで枠をつくり、その上から紙を貼り、夜に火をともしたロウソクを中に立てて子供たちが曳く。ウサギの形をした灯籠がつくられるのは、月のなかに仙女嫦娥とウサギが居り、ウサギが仙薬を搗いているという中国の故事にもとづいている。

　また、ザボンに線香を挿して点火して竹竿につけて高く掲げる行事が行われる。ザボン灯の由来は昔、チワン族の先民が蜂起し、それを鎮圧した中国王朝軍が、戦没したチワン族の霊をなぐさめるため始まったといわれている。農村ではご馳走を食べ一家で団欒をする。中秋節の灯籠祭り自体はもとは漢族から受容したと思われるが、今日では靖西県のチワン族のそれが有名になっている。少なくとも動物の形をした灯籠やザボン灯は他の地方には見られない。　　　　（塚田）

［上・下］飾り灯籠（ニワトリ、クジャク）
H215545・H215553　靖西県

飾り灯籠（ウサギ）
H215578〜79・H215566〜67・H216334　靖西県

ザボン　月餅　ザボン
クリ　サトイモ　バナナ　リンゴ
ミカン

中秋節の供物
H216088・H216085 ほか　複製

月餅や飾り灯籠を売る露店
この日は町の随所に露店が立つ。
1998年9月。靖西県県城。

月の神を祭る
屋外で月餅、サトイモ、栗、果物などを供えて月の神を祭る。
1998年9月、靖西県県城。

ザボン灯
伝統的な「ザボン灯」。
1個のザボンに1束10本の線香を20束以上も挿し、点火して竿先に付けて夜空に高く掲げる。
1998年9月、靖西県県城。

第1部　チワン族の生活世界　59

あやつり人形劇の人形（孫悟空）
H215312　靖西県
『西遊記』は人気の出し物だ。

〚あやつり人形劇(木偶戯)〛
ムーオウシー

　広西のなかでも靖西県・徳保県のみに伝承される民間芸能。チワン語で「シン・ヤーハイ」。清代中期頃に外部から伝わり、遅くとも19世紀初までには形成されたようである。軍隊が遠征して来て当地に駐屯した際に軍営中で行われたとか、初代の師匠がベトナムで学び持ち帰ったなど諸説がある。
　この形式のあやつり人形は中国南部には少ないこともあって、また師匠から徒弟へと伝承されるため、その由来については不明な点が多い。春節から3月までの農閑期に屋外に小屋をかけて演じられる。観覧料は県内各地での上演先の村の農民が持ち寄る。
　演目は「水滸伝」「西遊記」「三国志演義」など漢族の歴史小説、とくに戦争に題材をとったものが多いが、上演する際にはシナリオを見ないで、即興で演じられ、またせりふ以外にチワン族の歌を交えるなど特徴がある。伴奏者は2〜5人で、楽器としては二胡・三弦やドラが使われる。もっか県政府が無形文化遺産として登録するよう申請している。　（塚田）

あやつり人形劇の人形（三蔵法師）
H215314　靖西県

[左]あやつり人形劇の人形
木彫りの頭部を入れ替えて使う。衣服は県城の職人がつくる。1999年2月。靖西県亮表村。

[右]人形をあやつる
シナリオはあるが、セリフは即興で語られる。ひとりで何体もの人形を操るのは熟練のワザだ。1999年2月。靖西県亮表村。

[左]小屋掛け
正月から3月頃までの農閑期に県内各地を巡回する。呼ばれた村で小屋を掛けて夜に演じられる。1999年2月。靖西県亮表村。

[右]伴奏
伴奏はシンバルやドラ、二胡など。チワン族の歌も入るのが特徴的だ。1999年2月。靖西県亮表村。

定期市の日の街
普段は閑散とした街が定期市の日には多くの人でにぎわう。2007年4月。靖西県安徳鎮。

野菜を売る農民
自家栽培の野菜を売る農民たち。2007年4月。靖西県安徳鎮。

子豚を仕入れる
農民が養豚をするため子豚を仕入れる。2007年4月。靖西県安徳鎮。

【定期市】

　村に住む人は日用品を購入したり病院や学校へ行くのに最寄りの鎮・郷に行く。電化製品や家具など大きな買い物や高校へ進学する場合は県へ行く。鎮・郷では、決まった日に定期市が立つ。10日周期、12日周期の地域があるが、広西では10日周期が多い。たとえば靖西県安徳鎮では旧暦で3・8の日に開催される。

　各地の定期市を回る商人が集まり、地元の農民が農作物を売ることもできる。普段は閑散とした街が一大マーケットと化すほど豊富な日用品が売買される。衣服、布地、金物、工具、線香や蝋燭など日用雑貨品からニワトリ・アヒル・肉・魚・野菜・キノコ・酒などの生鮮食料品など幅広い商品が売られる。酒の量り売りや自分で巻く刻みタバコなど地方ならではのものも多い。ビーフンや酒を出す屋台も立つ。商品の仕入れは、雑貨類は県城の市場で、衣服は工場のある賓陽県で、肉類は現地の安徳鎮でなされる。

　この日は商品を売買するのみならず、親戚や知り合いを訪ねたり、連れ立って来る人びとが集まり、たいへん賑わう。市の開催は娯楽の少ない農村では人びとの楽しみのひとつになっている。（塚田）

日常雑貨を売る露店
電池、錠前、爪きり、洗濯ブラシ……
さまざまな日常雑貨が所せましと売られている。
2007年4月。靖西県安徳鎮。

第1部　チワン族の生活世界　63

【国境】

　広西はベトナムと国境を接しており、ベトナムにもチワン族と同系の民族がいるので、1300キロメートルにもおよぶ国境線の近くでは国境を越える交流が少なくない。ベトナム側の民族のうちヌン族はもとは広西から移住したので、チワン族とは同系の民族で言語も同じで習俗にも共通点が多く、同源関係にある人びとが両国に分かれて居住している(注)。

　広西における国境線はかつて清仏戦争後に立てられた界碑の線にほぼ沿っている。交流には、交易、親戚・友人訪問、通婚、祭りや定期市に往来するなど多様な形態がみられる。交易は、中越戦争後、1983年に再開され、1991年に両国の関係が正常化すると、一定の規模と設備をもつ貿易スポットがつくられ、憑祥市の浦寨などでは中国全土の商人が集まり大規模な交易が行われるようになった。民間での交易は現在も続けられており、両国が定めた約40箇所もの貿易スポット以外にも、交易が行われている。

　学校教育や共通語、戸籍などに両国の国家の相違、国境線の存在が現れているが、しかし国境を越える往来は日常的に行われており、人びとは政治的に画定された国境を意識しつつもそれを相対化していると言える。　　　　　　　（塚田）

注
塚田誠之　2006「中国広西壮（チワン）族とベトナム・ヌン族の民族間関係——文化の比較と交流を中心として」塚田編『中国・東南アジア大陸部の国境地域における諸民族文化の動態』国立民族学博物館調査報告63、国立民族学博物館。

国境を示す界碑
19世紀末に立てられた国境を示す界碑。広西で1300キロメートルの国境線に130もの界碑が残されている。

国境の定期市
国境線にそって至るところで定期市が立ち、国境を越えてやってきた人びとでにぎわう。2007年4月。岳墟郷。

国境
関門がないので外見上それとはわからない。2007年4月。靖西県龍邦鎮。

ベトナムのヤオ族
中国側の定期市に来たベトナム側の山地民ヤオ族。2007年4月、那坡県平孟鎮。

[上]ベトナム人
中国側の定期市で買い物をして帰途につくベトナムの人びと。2007年4月。靖西県孟麻街。

[下]国境のゲート
ゲートの向こう側がベトナム。2004年9月。憑祥市弄懐。

第1部 チワン族の生活世界　65

column 4

焼畑耕作からウェブサイトへ
——国境を越えるユーミエン

吉野 晃 *Akira Yoshino* 東京学芸大学教授

少数民族ヤオ族に含まれるユーミエンは、
中国では広東・広西・雲南、さらにベトナム、ラオス、タイの北部山地に居住する。
彼らが携わってきた焼畑耕作に伴う移動の結果である。
そして、いま新たな国境を越える移動が生まれている。

タイ山地に住むユーミエン (Iu Mien) は、他民族からはヤオと呼ばれる。彼らの同胞は中国にもおり、中国では少数民族のヤオ族の中に含まれる。中国のヤオ族は言語的に異なる系統の人々を含むのであるが、ユーミエンは、その中で多数を占めるミエン語を話す人々である。

ユーミエンは、中国では広東・広西・雲南に多く分布し、さらにベトナム、ラオス、タイの北部山地に居住する。この広い分布域は、彼らが携わってきた焼畑耕作に伴う移動の結果である。焼畑耕作は、森林を伐り払い、伐った木や草を焼いてできた更地で作物を栽培する農法であり、山地の環境に適している。毎年新たな耕地を伐り開く結果、新たな土地を求めて移住することになる。こうしたことの繰り返しで、ユーミエンたちは広東から広西、さらには雲南、ベトナム、ラオス、タイと移動してきたのである。

◉移住経路の記録

ユーミエンの各家の家主は、祖先の墓の位置を記した漢字文書を所持する。所持者の父系直系祖先とその妻の名前が九代から十数代にわたって記載されている。漢字が読める者なら、自らの祖先がどのような経路をたどって移住してきたかがわかる。但し、ユーミエンは家ごとに移住するので、各家の祖先のたどった経路は同じではない。

筆者が見た中で記載世代数が最も多かったのは、十九世代の祖先の墓所を記載しているものであった。記載された最初の祖先は現在の広東省乳源ヤオ族自治県に墓があり、その妻の墓は広西の桂林にあった。その後七代目の夫までは広西の中の異なる地に墓がある。七代目の妻から十代目夫婦までは雲南に墓があり、十一代・十二代の祖先の墓所は地名は不明である。十三代・十四代の夫婦はいずれもラオス領内に葬られており、十五代目以降はタイ領内に墓がある。このように彼らの持つ文書も大まかな移住経路を裏付けている。

◉国を越えた交流

近代以前は明確な国境はなかった。焼畑耕作を行いながら上記のように移住を繰り返して居住域が広がり、国境ができてみると数カ国にまたがった分布を呈するに至ったのである。現在は、各国の国民として包摂されており、かつ中国を始め各国で焼畑耕作に規制が加えられ、定着化も進んでいる。

しかし、一方で、新たな国境を越える移動が生じている。通信手段の発達により、国境を越えたユーミエンのネットワークが形成されているのである。

ラオス内戦によってタイへ難民として逃れたユーミエンは、アメリカやカナダ、フランスへ移住した。国際ヤオ族協会が設立され、ユーミエンのウェブサイトもある。ウェブでのミエン語の表記は中国国内で使われているローマ字表記が使われている。情報網が形成されているだけでなく、アメリカのユーミエンが中国のユーミエン居住地を訪問するなど、国を超えた交流が増えている。

その他、筆者の知る限りでも、広西や雲南のユーミエンが儀礼の執行のためにタイのユーミエン祭司を招いたことがあり、一方アメリカ在住のユーミエンの資金援助によって、タイにいる親族が大がかりな儀礼を行ったこともあった。アメリカのユーミエンが行った儀礼を撮影したビデオCDはタイ国内でも手に入る。こうしたことを通じて、国境を越えたユーミエンの広がりが、より強く意識されるようになった。

かつては焼畑耕作による移住と戦争による避難とで数カ国に分布を広げたユーミエンは、近年では改めて国境を越えたネットワークを形成し、新たな人の行き来を伴った交流が広がっているのである。

語り合う盤ヤオの女性
2003年9月。広西チワン族自治区金秀ヤオ族自治県。

第2部 西南少数民族の工芸

第❷部　西南少数民族の工芸

装
よそおう

装いは、外から来る者に中国西南部の少数民族の多彩さをもっとも強く印象づけるものと言ってよいだろう。遠くからでも目につく配色の鮮やかさ、形の独創性。しかもそれが集団単位で一定のパターンをもって存在する。人びとの装いはどのように多彩で、なぜ多彩なのであろうか。

　装いの中心を占めるのは衣服である。衣服の多様性は、まず、着用する者が暮らす自然環境とのかかわりから考えることができる。衣服は、体を被って寒さや強烈な日差しから身を守り、負傷したり虫に食われたりするのを防ぐ機能を持つ。この機能の必要度は自然環境に左右され、衣服のスタイルや素材の多様性に反映される。また、人びとは伝統的には身近にある動植物から得られる素材を用いて手仕事で衣服をつくってきた。利用可能な素材という意味でも自然環境とのかかわりがある。工業生産と商品経済の発達した今日では、中国西南部の少数民族においても衣服を購入したり、布地を購入して衣服を仕立てることが広くおこなわれているが、昔ながらの手作りを続けている人びともいる。

　この地域は河谷や海岸に沿った低く平らな土地から標高の高い山地まで変化に富んだ地形で、気候差も大きい。衣服にはこの多様な自然環境が映し出される。これまで衣服の材料として最も広く使われてきたのは綿布である。綿の栽培に適さない山地では麻やカラムシ（イラクサ科の草）で布地が織り続けられてきた。また、寒冷な地域では羊毛から布地がつくられ、毛皮も用いられた。貴州省東南部のミャオ族には蚕を育てて絹を織り、盛装用の服をつくってきた人びともいるが、全体から見ればごく少数である。

　美しく多彩な装いは、人びとが美意識を追及し、充足を得ようとした結果でもあるだろう。外観の美しさが異性を引きつけ、子孫を残すことに寄与するという見方もある。美の追求は、装いをかたちづくる個々の部分の形や色や材質、技術の精緻さにおいて、また装い全体の調和において、人びとに優れた感覚や英知を発揮させ、それが見る人の心をとらえる。

　しかし、中国西南部の少数民族の多彩な装いは、人間の生存や生物としての欲求という側面以上に、文化的・社会的な意味や機能と結びついてもいる。装いは、それをまとう人間の位置づけを象徴的に示す。どのような装いをしているかによって、集団的帰属や性別、年齢層、社会的地位や、その場が特別のハレの場かどうかなどを見分けることができる。

　集団的帰属という点では、「民族衣装」ということばがよく使われ、装いは民族的区別を示すものととらえることが一般的である。しかし、中国西南部に展開する実態から言えば、装いの違いは、「民族」として認定されている単位よりももっと小さなレベルで、一定のパターンが共有される形で存在する。そこに多様性の複雑さ、奥深さがあり、それが魅力でもある。ここでは、人びとの多彩な装いとその意味や機能を「民族衣装」という枠組みを活かしながら整理するとともに、装いを構成する部分にも焦点を当てて紹介する。　　　　　　　（横山）

ミャオ族女性腕輪・指輪
H226097・H226099～101
貴州省台江県施洞鎮
ミャオ族女性が身につける銀の装飾品は草花や蝶をデザインしたものがおおく、繊細な細工が見られる。

第2部　西南少数民族の工芸　69

【民族衣装】

　民族衣装は、ある集団が時間的経過のなかでつくりあげた独特のパターンや要素を持つ服装である。中国西南部の民族の多くは、複数の省にまたがって広い範囲に居住しており、ひとつの民族にいくつかの異なるタイプの民族衣装が見られることも少なくない。しかし、同時に、民族系統に沿って、ある程度、特徴を見出すこともできる。また系統が異なる民族で同一地域に居住する人びととの場合、服装上に共通点があることもある。服装は、時に比較的簡単に、自らの意思によっても、あるいは何らかの圧力によっても変えられるという性質が、今日の民族衣装の複雑さの一因になっている。たとえば筒状のスカートは、タイ系の言語を話す海南省のリー族や雲南省のタイ族の女性に見られ、タイ族に隣接して雲南省西南部に居住するチベット・ビルマ語系のジンポー族やオーストロアジア語系のワ族の女性も、言語系統はタイ族とは異なるが、筒スカートをはく。

　ここでは民族衣装の「粋」をできるだけ多く紹介するために盛装を集めた。人びとの日常の装いはもっと簡素である。また、近年の急激な社会変化にともない、日常着としての民族衣装が現在、消滅の一途をたどっているのも事実である。

（横山）

イ族女性
H230135～H230140
四川省涼山イ族自治州冕寧県
ゆったりした長いプリーツスカートと黒い布の頭巾が特徴的である。女性は結婚では服装を変えず、子どもができてからこの頭巾をかぶり始める。

リー族女性
H191014～H191018
海南省三亜市
リー族女性の下衣は筒状のスカートである。衣装の各部に美しい黎錦（リーにしき）が用いられる。

リー族女性
H190904・H190910
海南省白沙県
リー族内には服装にバリエーションがあるが、
黎錦はどこでも装いの大事な要素である。
未婚女性が丈の短い筒状のスカートを身につける地域もある。

ヤオ族女性
H237306〜H237315
広東省連南県
「過山（かざん）ヤオ」系に比べると定着性の高い
「八排（はっぱい）ヤオ」系のヤオ族で、
赤が基調の衣装は美しい。
特に飾りものがたくさんついた頭飾りが特徴である。

ヤオ族女性
H190655〜H190659
広西チワン族自治区南丹県
「白褲（パイクー）ヤオ」と呼ばれるヤオ族女性は、
大黒様のような頭飾り、上下の衣服の造形、
朱色のアクセントのきいた
現代的デザインが印象的である。

● スタイル

スタイルの多様さは女性の装いにもっとも顕著である。上衣は右脇を紐ボタンでとめ、縁取り刺繍があるかたちがおおいが、着物のように襟を合わせたり、前中心打ち合わせのものもある。下衣は居住環境をよく反映し、さらに種類がおおい。ズボン形式が一般的だが、チベット族に近いイ族やナシ族は裾がゆったりした長いスカートを好む。短めのスカートに脚絆をつけるのは山地では便利だが、平地には筒状の長い巻きスカートを優雅に装う人びともいる。

第2部　西南少数民族の工芸　71

タイ族女性(後ろ姿)
H236640～H236653
雲南省新平イ族タイ族自治県
腰の飾りは種もみがこぼれ落ちたかたちどったもの。

ハニ族女性
H93716
雲南省紅河ハニ族イ族自治州
ハニ族はイ族に近いチベット・ビルマ語系の民族で、イ族と同様に、民族内部に多くの下位集団を持つ。イ族のバリエーションが多いのが特徴である。この写真の上衣は筒袖で、裾の始めのスカートはハニ族女性には「サニ」と呼ばれるイ族にも見られる。石林地区の「サニ」と呼ばれるイ族にも見られる。この写真のように短いスカートをはくハニ族も知られている。

イ族（サニ）女性
H237898〜H237906
雲南省昆明市石林イ族自治県

「サニ」という名前で知られるイ族のこの女性は、未婚のなかでも下位集団のように、未婚の女性はこのように「挑花（テァオホァ）」刺繍を多用した独特なデザインの頭飾りをつける。美しい頭飾りをつけるイ族の個性的な刺繍はどれも美しく、装飾を襞後のように斜めにかけるのが特徴である。

タイ族女性
H236640〜H236653
雲南省新平イ族タイ族自治県

タイ族のなかで特に衣装が美しいことで知られる「花腰（ホアヤオタイ）」の名がある。西双版納（シーサンパンナ）や徳宏のタイ族に比べると、筒状のスカートは短く、胸から腰にかけての装飾品が多く、独特な編み笠をかぶる。

ワ族女性
H236766〜H236778
雲南省西盟ワ族自治県新廠郷

このタイプの衣装を代表するワ族の女性は、ワ族女性の服もそのまま着けるタイプの女性は、長い髪をそのまま結い上げたり、編んだりしないで銀製あるいは竹製のヘアバンドのような頭飾をつける。

第2部　西南少数民族の工芸　73

74

[左]ミャオ族女性
H226102～H226114
貴州省雷山県西江鎮
ミャオ族の銀飾りは
背中側も豪華である。
ミャオ族は男女とも銀の装飾品を
身につけるが、女性の盛装時には
おびただしい数を身につける。
母から娘に銀飾りが
大事に受け継がれていく。

[中]ヤオ族女性
H190655～H190659
広西チワン族自治区南丹県
「白褲(バイクー)ヤオ」の女性の
衣装デザインの斬新な美しさは、
前部よりも後姿に明確にあらわれる。
背中の中央には彼女らに特徴的な
刺繍布が縫いつけられている。

[右]ペー族女性
H237664～H237678
雲南省大理ペー族自治州
剣川県三河村
大理ペー族自治州内でも麗江に近い
剣川県三河村のペー族で、
経済的に余裕のあるものは、
麗江のナシ族と同様の
7つの小さい円盤状の飾りのついた
羊の毛皮を背中にまとう。
後ろ中央に垂らす飾り帯は、
ナシ族も好む、白地に黒い糸で施した
「挑花」刺繍。

● 後ろ姿

後ろ姿の美しさというと、和服もそれへの意識がかなり高い装いといえるだろうが、西南少数民族の背後への気配りには魅了される。前面に負けないすばらしい銀飾りや刺繍がほどこされたり、斜め後ろに下げた肩かけかばんの効果も計算された装いになっている。雲南省ではとくに「飄帯(ピャオタイ)」とよばれる飾り帯を好む人びとがいる。腰から下げられて歩くたびに風になびく飄帯には、揺れ動く美しさまで気づいた美意識がうかがえる。

第2部 西南少数民族の工芸 75

ペー族乳児よだれかけ
H237627
雲南省大理ペー族自治州大理市
先端に銀の装飾品がついた
色とりどりの飾り帯が多く垂れ下がる。
実用品というより、子どもを着飾らせるために、
以前、比較的裕福な家庭でつくられたものと言われる。
現在はつくられない。

ペー族幼児ベスト
H237560
雲南省大理ペー族自治州大理市
白地と黒い布を縫い合わせるセンスに、
ペー族らしい色彩感覚が感じられる。
現在はこのように、刺繍には化繊の色鮮やかな糸が用いられる。
かつての刺繍は細い絹糸でを使ったので、
より繊細な趣がある。

ミャオ族女児
H226168・H226169・H226172〜74
貴州省台江県
藍色の上下に合わせるように、青を基調としている装い。
刺繍のモチーフには花や蝶、動物が使われている。
よだれかけにあるアップリケの手法を含め、
ミャオ族の刺繍技法は多様である。

● 乳幼児

おさない子どもが身につける衣装には丹念に手作りされたものがおおい。子どもが生まれる前から母親は針仕事に精をだし、親族や友人の女性たちも手を貸して、誕生祝いとして贈る。健やかな成長を願う祈りがこめられている。生命力がつよいとされる虎の刺繍や、仏像をかたどった飾りが護符としてつけられた。魂が抜けだしやすいとされる首には鍵状の銀の首飾りを下げ、手首にも腕輪をはめた。排泄が楽な股の部分が開いたズボンをはかせる場合、臀部をおおうエプロン状の布も美しく刺繍される。

The Profound Earth —— Ethnic Life and Crafts of China

ペー族乳幼児装身具(長命鎖)
H237869
雲南省大理ペー族自治州大理市
銀製の鍵状首飾りと腕輪は、
幼児が丈夫で長生きできるように
との願いをこめ、
子どもの首と手首という重要な部分に
身につけさせる。

ペー族の幼児
一面に刺繍がほどこされたベストと
ズボンの開口部をふさぐ尻当て布を身につけたペー族の幼児。
大理ペー族自治州大理市周城村。1985年。

ペー族幼児用帽子
H237866
雲南省大理ペー族自治州大理市
帽子の上部に横一列につけられた飾りは
仏像をかたどっている。
子どもを守ってもらいたい親の願いと
仏教信仰の浸透がうかがえる。

ペー族幼児用帽子
H237867
雲南省大理ペー族自治州大理市
このように虎の耳をつけるのも
幼児の帽子に典型的な形である。
生命力の強い虎は、
好んで幼児の服飾に用いられる
モチーフといえる。

ペー族幼児用腕輪
H237870
雲南省大理ペー族自治州周城村

ミャオ族幼児用帽子
H226167
貴州省台江県
魚の尾ひれに似た形状から
「魚尾帽(ユーウェイマオ)」と呼ばれることがある。
幼児の帽子に広く共通して見られるいくつかのタイプは、
元々、漢族地域にあり、そこから少数
民族に伝わったと考えられる。

第2部 西南少数民族の工芸 77

ミャオ族背負い帯
H226166
貴州省台江県
ミャオ族の刺繍の妙技がいかんなく発揮されている。
文様には吉祥の意味を持つ動植物のモチーフが好まれる。

トン族背負い帯（表）
H226209
貴州省黎平県
上部には護符の意味を持つ飾りがつけられている。
これは二枚仕立てになっており、
上の布の脇から下の布の下部両端に
ほどこされた細かい刺繍布をのぞかせる計算がされている。

ペー族背負い帯
H237562
雲南省大理ペー族自治州大理市
ペー族はなかに芯の入った、しっかりしたつくりの背負い帯を使う。
刺繍とともに、パッチワーク的手法や光る飾りをつけて装飾される。

トン族背負い帯（裏）
H226209
貴州省黎平県
二枚仕立ての下の布の内側、つまり子どもの体に直接触れる側。
中央にはさまざまな刺繍の技法を用いて、
太陽をかたどった、ひじょうに精緻な刺繍がほどこされている。

● 背負い帯

母親が子どもをおんぶする姿は現在でもよくみられる。背負い具には、乳幼児の衣装と同様、手のこんだ刺繍や装飾がほどこされる。お守りがついていることもある。人目につく美しさは、みんなで子どもを大切にする工夫と気持ちのあらわれであり、背負う者の後ろ姿を彩ることにもなる。
厚めの背当て布状のものは、子どもの足を2本揃えてまっすぐに伸ばしたまま、紐で背中に子どもを固定して使う。

78　The Profound Earth —— Ethnic Life and Crafts of China

トン族背負い帯（部分）
H226209
貴州省黎平県

イ族少年
H100722
四川省凉山イ族自治州
同地域の大人の男性の装いと同様に、
上衣は黒を基調とし、
そこに大胆なラインを描く刺繍がほどこされ、
下衣は緑や青などの色の裾回りの広いズボンで、
下部は幅の広い黒い布が縫い合わされている。

ミャオ族少女
H226175～H226182
貴州省台江県施洞鎮
少女でも盛装時にはたくさんの
銀のアクセサリーをつけることがある。
親たちは子どもを美しく
着飾らせることに熱心である。

トン族女児
H226199～H226208
貴州省黎平県
トン族もミャオ族と同様、藍染後に
つや出しをした布でプリーツスカートをつくる。
青系統の濃淡の色の布を縫いつけた
清楚な印象は、トン族の装いにおおい。

● 少年・少女

装飾のおおい帽子やよだれかけなど特別の装いがある乳幼児期を過ぎると、とくに子どもに限定された装いのスタイルがないのが一般的である。

少年・少女たちは、未婚の青年男女と同じかたちでサイズだけ小さいか、あるいはかたちはほぼ同じだがどこかしら簡略化された晴れ着を着せてもらうようになる。貴州省のミャオ族やトン族の少女は小型の銀飾りをつけ、四川省凉山イ族の少年は、この地域特有のスカートのようにみえる裾広のズボンをはく。

● 老人

老齢になると、重労働から退き、徐々に生活パターンが変化していくのが一般的である。それはかならずしも服装上のあきらかな変化を伴わない。雲南省西南部のジンポー族の老年女性は、若年者とあまり変わらない盛装をする。

同省大理のペー族の老人のあいだでは、男性も女性も宗教活動組織が発達している。毎月のようにおこなわれる祭事には着飾って参加し、老齢者用の盛装が様式化している。漢族文化の受容が著しいペー族の場合、男性の装いは漢族の伝統的スタイルが手本となっている。

[左]ペー族老年女性
H237594〜H237610
雲南省大理ペー族自治州大理市
宗教祭事に参加する際は必ず、決まった形の「香包(シアンバオ)」と呼ばれる肩かけかばんを下げ、数珠をかける。木魚を手に唱える経はペー語である。
近年、老人の装いは華やかになり、以前よりスカートの丈が短くなった。

[右]ペー族老年男性
H237611〜H237616
雲南省大理ペー族自治州大理市
周囲の者は老人男性に対して長命を祝い、願うために寿の文字が縫い取られた赤い布靴と赤い帽子を贈る。キセルは老人のシンボルで、喫煙する習慣がない場合でも、記念撮影するときはキセルを手に持つことがよくある。

ペー族未婚女性
H237664〜H237678
雲南省大理ペー族自治州剣川県三河村
頭に数枚の布を重ね、その端をウサギの耳のように上にあげる頭飾りは、どこへ行ってもひじょうに目立つ。

ペー族既婚女性
H237638
雲南省大理ペー族自治州剣川県三河村
結婚した女性は、未婚女性よりさらに枚数の多い布地を少しずつずらしながら異なる色柄が見えるように重ねた頭飾りをつける。髪はなかで髷にまとめている。布の配置は入れ替え可能で、どのように美しく見せるかに苦心する。

● 未婚と既婚

女性の場合、未婚者と既婚者とを服装の上で区別することがすくなくない。ちがいは頭部によくあらわれる。雲南省大理ペー族自治州内のペー族の服装は各地でことなるが、未婚時には額に前髪を垂らし、後ろで1本の三つ編みにした髪を頭部に巻きつけて頭飾りを固定する。結婚すると髪をおおう頭飾りをつけることがおおい。独特の頭飾りで知られる同州剣川県北部の三河から麗江市西南部の九河にかけて居住するペー族にもこの法則は当てはまる。

第2部　西南少数民族の工芸

● **男性**

女性に比べると、男性の服装は地味で、集団間のちがいもあまり突出しないことがすくなくない。外部からの強力な政治・文化的影響によって社会が変化する場合は、女性より男性の服装が先に変化することも世界各地で観察される。しかし、広東省連南県や広西チワン族自治区南丹県のヤオ族男性のように、個性的でスタイリッシュな装いが生みだされ、継承されてきていることもある。

ジンポー族男性
H236909〜H236912
雲南省盈江県

銀色に光る半球状の金属の装飾が付いた肩かけかばんは、男性女性を問わず、ジンポー族のかばんとして有名である。男性はこれに長刀を下げたいでたちが盛装である。

ヤオ族男性
H237296〜H237305
広東省連南ヤオ族自治県

ズボンの上にスカートを重ね、赤いターバンを巻いて鳥の羽をつけ、鼓を肩から下げる祭りのときのいでたち。この長鼓を動かしながら、踊る「八排(はっぱい)ヤオ」男性の姿は美しい。

ヤオ族男性
H190673・H190678〜H190681
広西チワン族自治区南丹県

膨らみがあって下部が狭い膝下丈の男性の白いズボンが特徴的。「白褲(バイクー)ヤオ」と呼ばれるのはそれゆえである。朱色の装飾や全体の色調は女性の衣装と同様である。頭には手ぬぐいのような白い布を巻く。

イ族男性
H131377〜H131380
四川省涼山イ族自治州

肩からかけている羊毛を織ってつくるマントは、涼山イ族では男性だけでなく、女性も身につける。黒色が一般的。涼山イ族の男性のはくズボンは、裾幅によって大、中、小の3タイプに大別される。この男性は「中褲脚(チョンクーチャオ)」である。

The Profound Earth —— Ethnic Life and Crafts of China

● 各地のミャオ族

ミャオ族の女性の衣装は、外観の装飾性、染色や刺繍など服飾加工技術の洗練、地域ごとのバリエーションの多様さで際立っている。上衣とプリーツ加工のほどこされたスカートの組み合わせが代表的スタイルである。貴州省東南部一帯に居住するミャオ族は、髪を結いあげ、着物に似た上衣を抜き襟ぎみにはおり、それぞれ特徴のある豪華な銀飾りを身につける。雲南省東南部のミャオ族は、ろうけつ染めをほどこした布でプリーツスカートをつくるのが特徴である。

ミャオ族女性
H226084 〜 H226101
貴州省台江県施洞鎮
ここのミャオ族は、頭上高く伸びた銀製の頭飾りで知られる。
ミャオ族のあいだでももっとも豪華に多数の銀細工を身につける。
つやを出した藍染布の上衣とスカートに、
品のよい赤を基調とする刺繍が美しく調和している。

第2部 西南少数民族の工芸

ミャオ族女性
H226102〜H226114
貴州省雷山県西江鎮
大きく張り出した水牛の角型の銀製頭飾りが特徴的である。
胸飾りは、漢族を含めて広く見られる、
鍵をかたどった「長命鎖(チャンミンスオ)」と呼ばれる
護符の意味を持つ装飾品である。
細い彩色の布が垂れたスカートの装飾も
ここのミャオ族の特徴である。

ミャオ族女性
H226115〜H226129
貴州省雷山県大塘郷
極端に丈の短いスカートが印象的。
黒いプリーツ・スカートを3、4枚重ねてボリュームをつけ、
その上に幾何学模様の鮮やかなデザインの前掛けのような飾りをつける。
上からはおる衣装には、さまざまな技法を駆使した
精緻な刺繍がほどこされている。

ミャオ族女性
H139416～H139420
雲南省

ろうけつ染めを施した布でつくる
プリーツスカートが特に美しい。
脚絆には色とりどりの糸を用いて
「挑花(ティアオホア)」刺繍が
ほどこされる。
これに藍染布のターバン状の
頭飾りを巻くこともある。
近年、このタイプの衣装を着る
雲南のミャオ族には
工場生産のプリント布でつくる
既製品が入り込み、
伝統的な手作りが
消滅しかかっている。

ミャオ族女性
H226084～H226101
貴州省台江県施洞鎮

ワ族女性
H236727 ～ H236738
雲南省西盟ワ族自治県翁嘎郷
ワ族のなかでは珍しく、三角形の帽子を身につける。西盟県はミャンマー国境に近く、ミャンマー領内を含めた周辺のタイ系の人びとやラフ族などの影響を受けていると考えられる。
飾りの部分が円錐形で、耳に通す部分が棒状になった耳飾りは、この地域の複数の民族に見受けられる。

● 頭飾り

服飾の構成要素のなかで頭飾りは、その位置ゆえに顔の印象を左右する。人目につきやすいという特徴もあり、着用者の身分をほかと区別したり、ある民族集団の成員のシンボルとして認識されたり、重要な役割を担う。冠礼といわれるように、成人への移行が髪型と頭飾りの変化で示されることは、中国西南部の少数民族でもよくみられる。
ヤオ族やミャオ族は頭飾りがとりわけ多様で、女性の場合、いろいろなかたちに結いあげた髷など、髪型と一体になった造形的に見事な頭飾りが編みだされている。

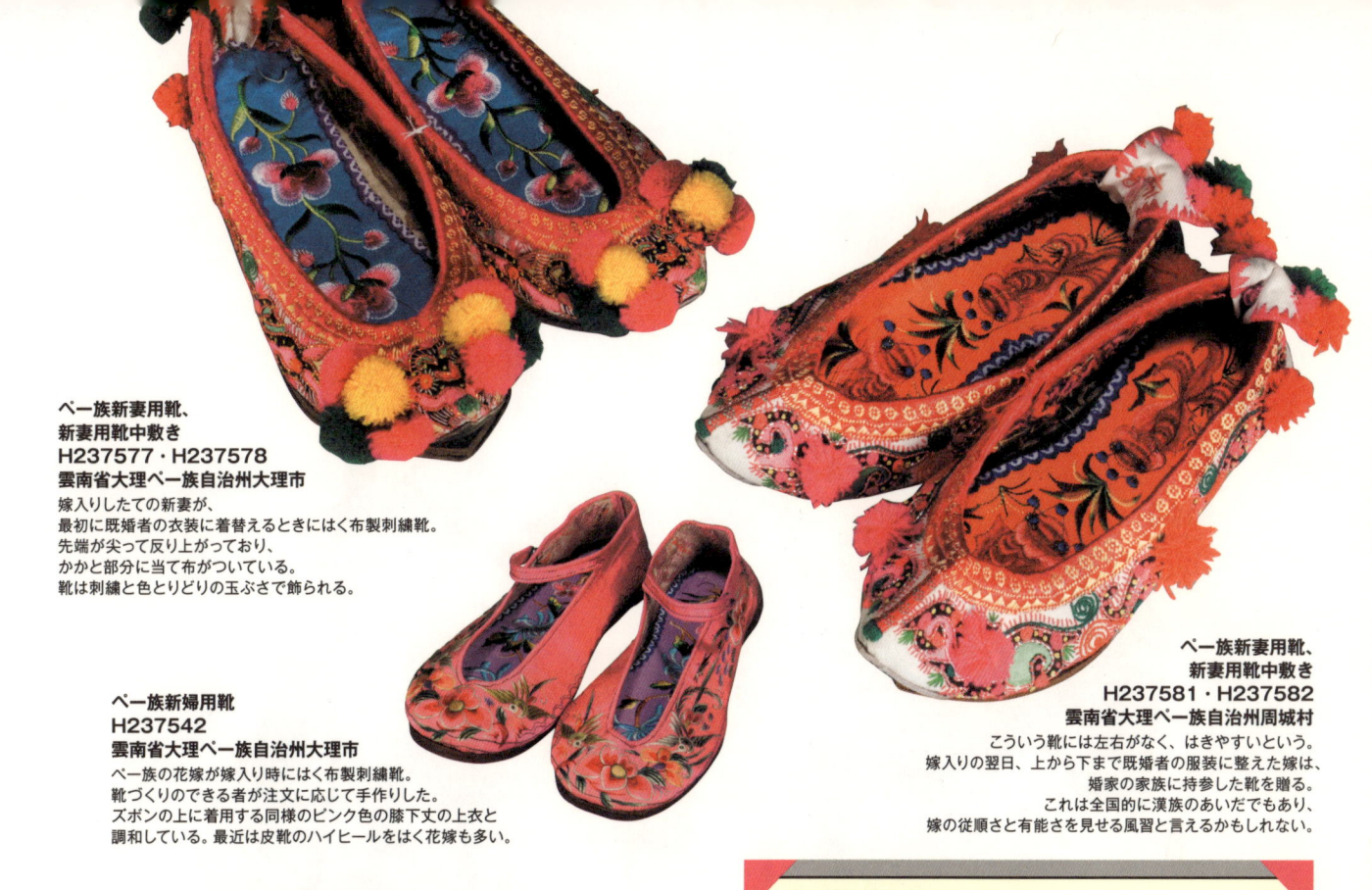

ペー族新妻用靴、
新妻用靴中敷き
H237577・H237578
雲南省大理ペー族自治州大理市
嫁入りしたての新妻が、
最初に既婚者の衣装に着替えるときにはく布製刺繍靴。
先端が尖って反り上がっており、
かかと部分に当て布がついている。
靴は刺繍と色とりどりの玉ぶさで飾られる。

ペー族新婦用靴
H237542
雲南省大理ペー族自治州大理市
ペー族の花嫁が嫁入り時にはく布製刺繍靴。
靴づくりのできる者が注文に応じて手作りした。
ズボンの上に着用する同様のピンク色の膝下丈の上衣と
調和している。最近は皮靴のハイヒールをはく花嫁も多い。

ペー族新妻用靴、
新妻用靴中敷き
H237581・H237582
雲南省大理ペー族自治州周城村
こういう靴には左右がなく、はきやすいという。
嫁入りの翌日、上から下まで既婚者の服装に整えた嫁は、
婚家の家族に持参した靴を贈る。
これは全国的に漢族のあいだでもあり、
嫁の従順さと有能さを見せる風習と言えるかもしれない。

● **はきもの**
布靴を手作りする技術をまだ伝承している人びとがいるが、最近は盛装でも華やかな刺繍靴ではなく、皮靴やサンダルにとってかわられようとしている。雲南省大理のペー族では、中敷は手作りされることがまだおおい。布地を糊で重ね合わせた土台に細かいクロスステッチの「挑花（ティアオホア）」刺繍をし、丈夫で美しい中敷きができあがる。女性たちは自分用より夫や恋人用に丹精をこめる。人前で靴を脱ぐことはまずないので、できばえは靴の主にもっぱら捧げられる。

ジンポー族女性
H236867～H236879
雲南省徳宏州潞西市
ジンポー族は美しい毛織の筒スカートが
有名だが、頭飾りも注目できる。
最もよく知られるのは
バケツを逆さにしたような形の帽子だが、
ターバン状のものもある。
一般にこのように布を巻くのは
年配者が多いが、ここの人びとの場合、
ターバンに装飾を付けて、
若い女性の華やかさを演出している。

ヤオ族女性
H237306～H237315
広東省連南県
ヤオ族のあいだには独特な頭飾りが多数見られ、
このほか「紅頭ヤオ」「花頭ヤオ」や「頂板ヤオ」など、
頭飾りによって下位集団が区別されることもおおい。
この頭飾りは祖先祭祀などの
宗教行事をはじめとして盛装するとき、
女性が日常の小さな頭飾りの上に身につける。

第2部　西南少数民族の工芸　87

イ族女性
H230248〜H230252
四川省涼山イ族自治州美姑県

まだ子どもを産んでない
イ族の女性の服装。
涼山イ族の服装は
男女とも黒が印象的である。
色鮮やかな赤、オレンジ、緑、
青などが黒に映え、コントラスト
がはっきりした印象になる。

ペー族女性
H237664〜H237678
雲南省大理
ペー族自治州剣川県三河村

左胸から地の色が青と白の2枚の
手ぬぐいを下げるのをはじめとして、
未婚女性の若々しさが
赤や青と組み合わされる
白で演出される。
ウサギの耳のような頭飾りにも
白い房が付けられる。

● 民族と色彩

少数民族について記録した中国の歴史文献には、「黒苗」「紅苗」「青苗」のように、同じ民族集団内の下位集団を色によって分類していることがよくある。それぞれの民族衣装には基調になる色があり、外部者にとっては集団を弁別するわかりやすい手がかりとなる。四川省涼山地域のイ族の民族衣装は黒を軸にほかの色を配して、それらしい雰囲気をかもしだす。他方、ペー族は白を好み、とくに青年男女の服装は鮮やかな白がアクセントになっている。

The Profound Earth —— Ethnic Life and Crafts of China

児童用ベストの背中の刺繍
H237560　ペー族　雲南省大里ペー族自治州
左右対称の花鳥の構図は、中睦まじさや幸福をあらわし、ペー族が好む図案である。

〚刺繍〛

　刺繍は女性たちがはぐくむ芸術品である。多くの少数民族の少女は6、7歳頃から見よう見まねで刺繍を始める。遠くからは形や色がほとんど同じように見える民族衣装に自身の手になる刺繍を加え、細部で個性を出して美しく着飾ることは楽しみでもあり、競い合いでもあった。衣装に用いられる刺繍はしばしば部分ごとにつくられ、後から縫い付けられる。どの部分にどのような刺繍が合うかが見事に考えられている。やりかけの刺繍を持ち歩きながら、日々の暮らしのなかのわずかな時間を積み重ね、気が遠くなるように精緻な作品を完成させる。

　布に下絵を書かずに直接、刺繍されることが多く、民族や地域の集団内で好まれる図案や配色が女性たちの手から手へと伝えられていく。剪り紙を型紙のように使う人びともいる。かつては女性が文字を学ぶ機会は少なく、刺繍は聞き覚えた伝承や観察した自然を記録する手段でもあった。刺繍の腕を磨くことが教育的な意味をもっていた。近年では商品として売られ、経済的手段になるという現象も出現している。

（横山）

脚絆
H139420　ミャオ族　雲南省
細かい「挑花（ティアオホア）」刺繍。

第2部　西南少数民族の工芸　89

刺繍布
H237290　ミャオ族　貴州省雷山県
糸を何度も回して玉結びをつくる相良繍で、
立体感ある鳥や草花の図案が描かれる。
「桃花」刺繍をするなどしたテープ状の布を周囲に縫いつけ、
額縁のような効果を出している。

刺繍絵
H226519　ミャオ族　貴州省台江県施洞鎮
平繍で水牛の角をもつ竜が中央に、
周囲に蝶や鳥が刺繍されている。

女性用前掛け
H226487　ミャオ族　貴州省台江県施洞鎮
平繍で角のはえた龍や蝶、エビ、鳥、動物が刺繍されている。

刺繍布（前掛け下部用）
H237620
ペー族
雲南省大理ペー族自治州
相良繍が多用されていて、
愛らしい雰囲気がある。

刺繍布（前掛け下部用）
H237621
ペー族
雲南省大理ペー族自治州
刺繍にスパンコールが加えられ、
華やかさが増している。

● 刺繍の技法

刺繍面を塗りつぶすように平行に糸をわたしていく平繍（ひらぬい）、刺繍面を何段かに分け、長短の針目を交互に刺して埋めていく刺し繍（さしぬい）、返し針または送り針で線上に縫い進むまつい繍（まつぬい）、太い糸を別の細い糸で綴じていく駒取り（こまどり）、玉結びを布の表面につくって刺す相良繍（さがらぬい）などの日本刺繍と同様の刺し方をはじめとし、多くの技法が駆使される。細かいクロス・ステッチを連ねて図案を浮かび上がらせる「挑花（ティアオホア）」という技法が特に好まれ、構図や配色がきわめられている。型紙を置いたまま刺したり、布を貼りつける手法は、刺繍に厚みが出て力強い表現になる。6本から14本ほどの糸で扁平な組紐をつくり、それを別の糸で布に縫いつけるミャオ族の技法は、立体感のある仕上がりとなる。

90　The Profound Earth —— Ethnic Life and Crafts of China

家の中庭に面したテラスで頭飾りの刺繍をするペー族女性
雲南省大理ペー族自治州。1985年。

女性用頭飾り
H237584
ペー族　雲南省大理ペー族自治州
白い木綿糸で一面に「挑花」刺繍がほどこされている。

女性用前掛け
H237321
ヤオ族　広東省連南県
「挑花」やまつい繍が使われている。

女性用頭飾り
H226533
ミャオ族　貴州省織金県
この「挑花」刺繍はとりわけ細かい。

第2部　西南少数民族の工芸　91

靴中敷き
H237586　ペー族
雲南省大理ペー族自治州
細かい「挑花」刺繍は
布が丈夫になるので、
中敷に多く使われる。

女性用上衣
H226482　ミャオ族　貴州省台江県施洞鎮
肩から袖の藍染のつや出し布の部分に龍、水棲動物、子ども、渦巻き文様などを
刺繍した布が縫いつけられている。

刺繍布
H139548　イ族　雲南省
イ族の「サニ」の人びとが得意な幾何学文様の「挑花」刺繍。

**靴の中敷きに「挑花（ティアオホア）」刺繍をほどこす
ペー族の娘**
雲南省大理ペー族自治州観慶県。1986年。

● 刺繍のモチーフ

漢族と同様の唐草、龍、鳳凰、牡丹などのモチーフも少数民族に広く使われる。平地の比較的交通の便のよい地域に住む人びとの刺繍に比較的その傾向が顕著である。しかし、どの民族にもその神話や世界観、生活環境と結びついた独自のモチーフが発達している。ミャオ族では蝶が産んだ卵から、人のほかに虎、水牛のような顔をした龍などが生まれたという神話があり、動物や昆虫が刺繍に多く登場する。一部には、それらをどのように配置すべきかを織り込んだ歌があり、独特の図柄を伝承する助けとなっている。

92　The Profound Earth —— Ethnic Life and Crafts of China

女性用上衣(部分)
H226482　ミャオ族
貴州省台江県施洞鎮
龍には水牛の角とむき出しの歯が見え、体の鱗も表現されている。
かたわらのエビは、川沿いのミャオ族が好むモチーフ。
白糸の鎖繍（くさりぬい）で平繍の刺繍を浮かび上がらせている。

第2部　西南少数民族の工芸　93

〖染色〗

● つや出し藍染め

貴州省のミャオ族やトン族は、藍染め後に布に圧力を加えて布目を平滑にし、光沢を出すのを好む。漢族の藍染でかつて広く見られた、布を円筒形の棒に巻きつけ、その上で丈の短い袴を逆さにしたような形の石のローラーに人が乗って転がす方法もあるが、たたんだ布を石の台の上で木槌で叩く場合が多い。つやを極端に出すのが特徴である。卵白に薬草酒を加えて布に塗って叩くところもある。藍染めした布を植物や水牛の皮を煎じた液に浸して赤味を帯びさせることもあり、紫がかった玉虫色に輝く。

自ら糸を紡ぎ、織り、染める暮らしは近年、失われつつあるが、動植物などの身近な天然染料を使う染色は今も伝承されている。染めた色は化学染料に比べておだやかで、風合いが柔らかい。なかでももっとも広く用いられるのは藍である。

藍をつくる植物は数種類ある。タデ科の植物と中国で「板藍根(バンランケン)」という漢方薬で知られるキツネノマゴ科のリュウキュウアイが多く使われる。特に貴州省には昔ながらの染色が比較的よく残っている。染色する人びとは、そこにさらなる手を加え、つやを出し、文様をつけて布を飾っている。

(横山)

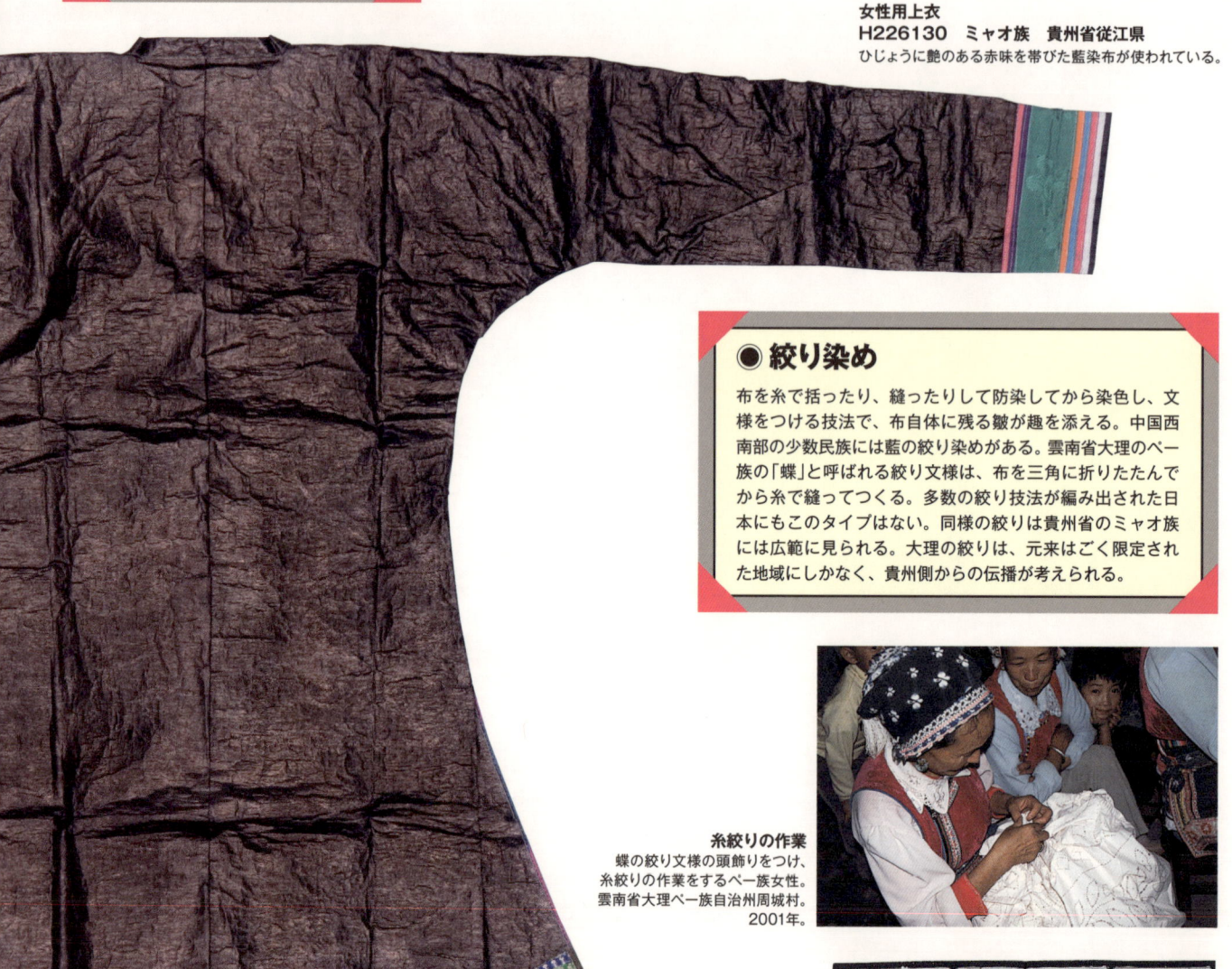

女性用上衣
H226130　ミャオ族　貴州省従江県
ひじょうに艶のある赤味を帯びた藍染布が使われている。

● 絞り染め

布を糸で括ったり、縫ったりして防染してから染色し、文様をつける技法で、布自体に残る皺が趣を添える。中国西南部の少数民族には藍の絞り染めがある。雲南省大理のペー族の「蝶」と呼ばれる絞り文様は、布を三角に折りたたんでから糸で縫ってつくる。多数の絞り技法が編み出された日本にもこのタイプはない。同様の絞りは貴州省のミャオ族には広範に見られる。大理の絞りは、元来はごく限定された地域にしかなく、貴州側からの伝播が考えられる。

糸絞りの作業
蝶の絞り文様の頭飾りをつけ、糸絞りの作業をするペー族女性。雲南省大理ペー族自治州周城村。2001年。

染色布
H226541
ミャオ族　貴州省織金県
細かい文様のろうけつ染布。

The Profound Earth —— Ethnic Life and Crafts of China

● プリーツ加工

ミャオ族のプリーツスカートは、女性の手作業でつくられる。糸で布を縫ってから糸を引っ張ってプリーツをつくる場合もあるが、多くの地域では、台の上に湿らせた布を置き、紐などで押さえ、指でつまみながらひだを寄せる。プリーツのできた布は丸めて緊縛したり、打撃を加えたり、上下に引っ張ったりしてひだを安定させる。蒸し上げることもある。ベルト布をつけて縫い合わせることでプリーツを固定する。

女性用スカート
H226484　貴州省台江県施洞鎮
張りと艶のある布地は、プリーツ加工の効果をさらに倍増させる。

● ろうけつ染め

布にロウで文様を描き、染色したのちに脱ロウをすることで文様を浮かびあがらせる技法が藍染とともに多く用いられた。ロウは伝統的に蜜蜂から採取するミツロウが使われてきた。貴州省のミャオ族は彼らの人類起源神話にも登場する聖なる樹木、マンサク科のフウ（中国で楓と書くが、カエデ科ではない）の木の樹脂も使ってきた。貴州省ではロウ描き後に布に赤や黄色の染料をさす場合は上にパラフィンを塗った。2枚の銅板を柄に差し入れたロウ刀を用い、細い線を駆使した文様を生み出した。

染色布
H226564　ミャオ族
貴州省安順市織金県
赤がアクセントになっているろうけつ染め布。

第2部　西南少数民族の工芸

column 5

消えた麻畑
──ミャオ族の民族衣装

宮脇千絵 *Chie Miyawaki* 総合研究大学院大学文化科学研究科

綿花栽培が適さない寒い山地や痩せた土地に暮らすミャオ族にとって、
麻は衣の問題を解決するだけでなく、
精神的な側面や経済的な側面おいても欠かせないものだった。
ところが1998年、国家公安部によってその栽培が禁止された。

麻畑
わずかながら現在も麻を栽培している人もいる。2007年8月。

雲南省文山州のミャオ族は、10年ほど前までどの家でも麻を栽培し衣装の生地としてきた。ミャオ族は漢族同様、中国で最も早くから麻繊維で紡織をおこなってきた民族である。綿花栽培が適さない寒い山地や痩せた土地に暮らすミャオ族にとって、麻は衣の問題を解決するだけでなく、儀礼時に邪気を払うという精神的な側面や、物々交換や現金収入の手段といった経済的な側面をも持つ生活に欠かせないものだった。

◉ 工場生産される民族衣装

文山のミャオ族の民族衣装は、上衣、スカート、前のエプロンと後のエプロン、脚絆、頭巾から成る。なかでもスカートは、細かいプリーツがついた特徴的な形をしており、ミャオ族の衣装の製作技術が集約されている。1枚のスカートには実に「1丈5尺（約5メートル）」もの長さの麻布が使用される。

30数年前の麻製のスカート
上部の白い部分がシー・ター、真ん中がトー・ター、裾の刺繍部分がタン・ター。2007年10月。

定期市で販売される民族衣装
大きな町では春節前には60数軒もの露店が軒を連ねる。2007年12月。

スカートはミャオ語でター（dab）と言い、部分ごとに細かく名称が付いている。トー・ター（ntot dab）と呼ばれる藍によるロウケツ染めの部分と、タン・ター（dangb dab）と呼ばれる刺繍部分を縫い合わせ、それに細かいプリーツをつけて、腰部分にシー・ター（shit dab）と呼ばれる布を縫いつけ、ウエストサイズの巻きスカートに仕上げる。

ところが、麻に含まれる成分が毒物の原料になることから、1998年に国家公安部が栽培を禁止した。かつての麻畑には、他の経済作物が植えられるようになった。

ミャオ族が麻を入手する機会は大幅に減り、ここ数年で織機などの道具は解体され、埃をかぶった状態になっている。

そして現在では、多くの人が市場で購入した化繊布でスカートを作ったり、あるいは出来合いの民族衣装を購入するようになった。1990年代に、ミャオ族の民族衣装を生産する工場ができたことを契機に、出来合いの民族衣装が定期市で気軽に入手できるようになったためである。そこで売られているのは、サテンなどのカラフルな布を使用し、チロリアンテープやレースを縫い付け、ビー

ズを装飾してある「現代的な」民族衣装である。スカートも「トー・ターとタン・ターの区別がなくなった」デザインが主流になっている。

◉ 麻布のストック

軽く洗濯も楽で、「おしゃれな」出来合いの民族衣装は、学校や出稼ぎの機会が増加し、衣装製作をおこなう時間も技術も失った若者を中心に普及している。またその販路はアメリカや東南アジアに居住するモン族(ミャオ族をルーツとする人びと)にも及び、彼らの需要が文山での民族衣装生産に更なる活気を与えている。

しかし人びとはまだ完全に麻を手放したわけではない。栽培禁止はゆるやかなもので、現在でも細々と栽培を続けている人もいる。祖母から受け継いだ古いスカートを遺産として大事に保管している人や、ストックしてあった麻布で自らの花嫁衣装をつくる人もいる。

現在、文山のミャオ族の民族衣装をめぐる動向は大きな転換期にあるといえる。出来合いの民族衣装に傾倒していく一方で、今後ミャオ族が希少となった麻とどのようにつきあっていくか興味深い。

「現代的」な民族衣装
光沢のある化繊布、ビーズ、レース等が多用されている。2008年1月。

ストックされている麻布
数年前まで染織が行われており、まだ多くのストックが残っている。2007年10月。

第❷部　西南少数民族の工芸

創
つくる

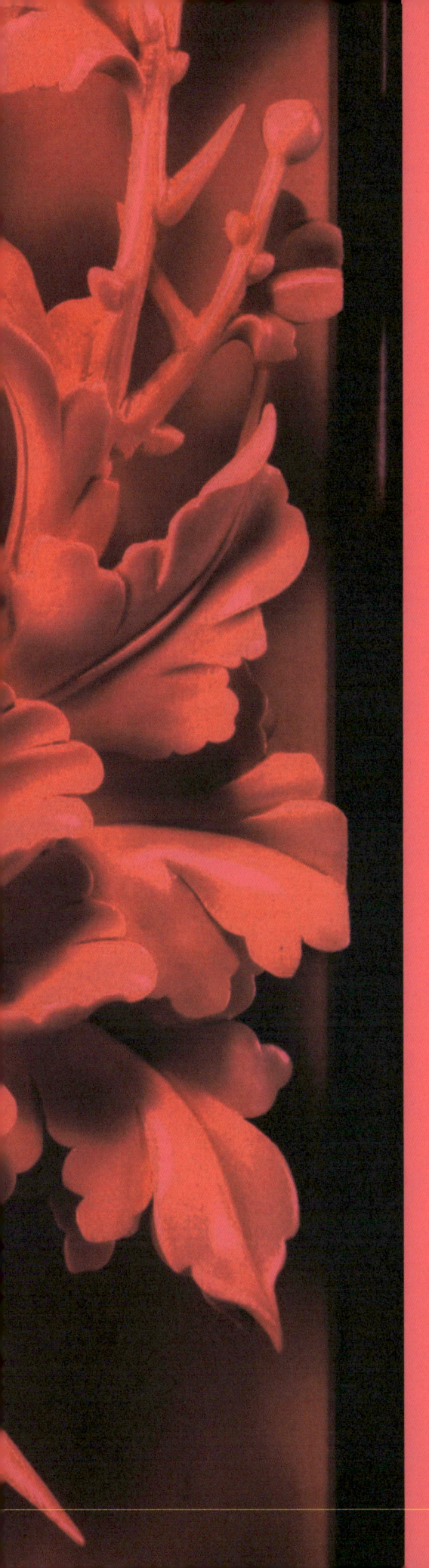

人間は生きるために身の回りから素材を見つけ、いろいろな形あるものを創ってきた。衣食住に始まり、美しさや心地よさを求め、またおのれの力の及ばぬ恐れや悩みの解消を超自然的存在にゆだねるといった「生」の営みのすべてにおいて、人びとは徒手空拳で立ち向かったのではなく、ものを創りながら生きてきた。中国西南部の少数民族が創ったものや創るプロセスを見つめることは、彼らの生きざまを理解し、翻って自分たちをかえりみる手掛かりとなる。ここでは、その魅力あふれる品々を素材や技術あるいは用途に基づいて整理し、ご覧いただく。素材としては布、漆、木、竹、紙、金属の製品を並べている。

　漆と竹は長江流域以南に多く自生しており、西南少数民族の暮らす自然環境と縁の深い素材である。涼山イ族の伝統的漆工芸は、成形や漆加工の技術には未成熟な点があるが、彼ら特有の美的センスに満ちている。弾力性や耐久性に富む竹の性質を生かした竹製品は、人びとの生活に広く深く入り込んでおり、造形美に優れた細工物が生まれている。織物は、経糸あるいは緯糸に2色以上の色糸を使って文様を織りなす高度な技術を用いる錦織に焦点を当てた。木工芸は、名声高く、雲南各地まで提供されてきたペー族の木彫工芸と、大人たちの童心が投影して不思議な魅力を醸し出す玩具を紹介する。紙製品としては、人びとと神がみとをつなぐ護符を集めた。超自然的存在を象徴化した表現から人びとの心的世界が垣間見える。金属は変形加工が比較的容易だが堅牢で、独特な輝きを持つ素材として人びとをひきつけてきた。中国西南部は鉱物資源に恵まれており、清代になると雲南が銅、銀、鉛、錫の、貴州が亜鉛と水銀の全国有数の産地であった。古代以来、金属資源の存在は、加工技術の流入を促す一因となったであろう。特に銀細工は発展した。

　創られたものは、個々の創り手が土地の地理的環境に対峙し、その知恵と感性、知識、身体技法を注いだ結晶である。だがその技には、異なる文化の交流を含む、人びとの文化の歴史的蓄積が刻みこまれている。創られたものに備わっている美しさは、美そのものを追求した結果というよりも、多くの創り手が技を磨き、機能性を追求して積み重ねられた年月の淘汰の結果であることも多い。その過程で人びとは、自身とは異なる文化伝統を持つ人びとの優れた技を学び、自らの感覚と伝統のなかでそれを育ててきもした。それは単に技の往来に留まらない。技が伝播するとき、かかわった人やその子孫の所属集団の変更をともなうことが少なくない。創る文化は、そういったさまざまな血流によって伝えられたものである。

　ここで取り上げる技に外部からもっとも大きな影響を与えたのは、おそらく漢族の文化伝統である。漢族からはいって、今ではほとんど少数民族だけに継承されている技もある。装身具として、日用品として、あるいは祭具として、身近で使い、手仕事の価値を認める生活が維持されてきたからである。技術者の一部は定期市や村々を回り、異なる複数の民族の需要に応じながら技を磨いてきた。多民族が接触・交流するなかで、風土や民族の特徴が発揮され、育まれてきたことが、その技の大きな魅力を生み出している。　　　　（横山）

【錦織】

錦織とはいろいろな色の糸で織る紋織物のことであり、その糸は通常、絹、木綿、麻などである。錦織は古くから漢族を含む諸民族のあいだに伝わってきた伝統的手工芸品である。多民族共存の西南中国において、諸民族の多種多様な錦織の装飾品が、美しさを競い合っている。錦織は民族の特色を表象する重要なものといえる。

少数民族の錦織には壮錦（チワン族の錦）、傣錦（タイ族の錦）、黎錦（リー族の錦）、瑤錦（ヤオ族の錦）、苗錦（ミャオ族の錦）、侗錦（トン族の錦）などがあり、錦織でつくった布団カバー、シーツ、服装、子どもの背負い帯などは工芸品としても高い水準に達している。壮錦は絹と木綿の糸をともに使用するため、きわめて丈夫であり、精緻な図柄と鮮やかな色が特徴である。傣錦は雲南タイ族地域でつくられ、大胆で簡潔な紋様表現を特徴としている。黎錦は海南省リー族がつくった錦織であり、黒を基本の色として、青、赤、白、藍と黄色も取り入れている。　　　（韓）

ソファーカバー
H215316　チワン族
広西チワン族自治区靖西県
均整のとれた構図と強烈な対称性を具えているのは壮錦の特徴である。

腰布製作用布地
H191002　リー族　海南省通什市
黒をベーシックな色としているところが黎錦の特徴である。

傣錦を織る
雲南省西双版納タイ族自治州。

黎錦を織る
海南島リー族の村で、錦を織りはじめる前に、黒糸を準備する女性。

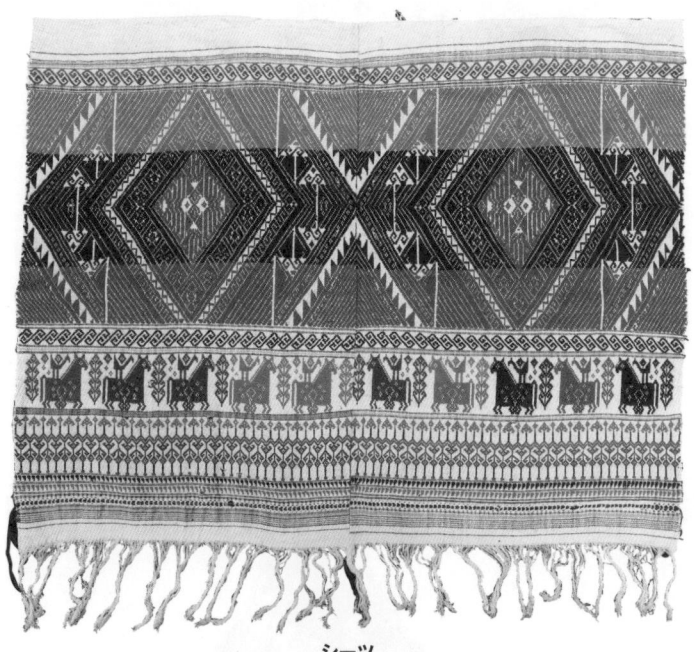

シーツ
H236674　タイ族　雲南省西双版納タイ族自治州モンハイ県
雲南省のタイ族地域でつくられた傣錦である。
太い線、誇張された形と簡潔な図案は傣錦の特徴である。

● 四大名錦

「四大名錦」とは、中国錦織のなかで最も有名な南京の雲錦、四川の蜀錦、杭州・蘇州の宋錦と広西チワン族の壮錦を指す。南京雲錦の名前は雲の紋様がよく使われることに由来する。古くから皇帝の装束である「龍袍」、皇族たちの宮廷装束、高級官僚の装束、外国への贈り物、臣下への下賜品として利用され、王朝御用達品として発展してきた。2006年に中国政府は南京雲錦の製織技法を「国家級非物質文化遺産（無形文化財）」として指定した。

四川の蜀錦はシルクの色糸を用い、花を描いた丸い図案、亀、蓮華、獣文、鳳凰の紋様を表したものが多い。杭州・蘇州の宋錦は精緻で、古めかしく上品な味わいがあるので、書画、箱の表装のほかに、衣服の生地としても使われる。四大名錦のなかで、壮錦は唯一少数民族によってつくられたものであり、明代から朝廷への貢物として指定された。象徴的手法による紋様表現、均整のとれた構図、鮮やかな色彩、強い対称性が特徴である。

第2部　西南少数民族の工芸

〖漆工芸〗

　中国西南部に特徴的な植生として、ツバキのように光沢のある常緑の広葉樹である照葉樹の広がりがある。それは日本にまで延びていて、その領域には類似性のある「照葉樹林文化」が発達している。ウルシノキの樹液を利用した漆工芸もそのひとつである。

　四川省涼山イ族自治州一帯に居住するイ族は、赤、黄、黒の三色が印象的な漆器をつくる。伝統的には黒は漆のみで、赤と黄は漆に天然鉱物顔料を混ぜて色を出した。かつてこの地には階層社会が存在し、統治階級は多彩の漆を塗った食器、祭具、家具、武器、楽器などをもち、その権力と富を示した。ほかの者たちは漆器をもてたとしても黒一色の漆器であった。

素材には木のほか、竹、皮、角も用いられた。
　1970年代以降、漢族の技術が導入され、漆以外の塗料を使ったものも含め、観光商品が大量につくられているが、漆器の形と太陽や月、動植物、幾何学の紋様は涼山独特である。　　　　（横山）

食器セット
四川省涼山イ族自治州内の工房でつくられる食器セット。かつて統治階級は漆器の食器一式で客人をもてなした。

酒入れ容器
H230218　イ族
四川省涼山イ族自治州美姑県
管がついた酒器の底には穴があり、酒はそこからなかに流し込まれ、ひっくり返しても出てこない。

杯
H230201　イ族　四川省涼山イ族自治州喜徳県
爪のある鷹の脚のついた酒杯は、捕らえるのが難しく、神の化身とされる鳥を打ち落とした勇者を記念してつくられたとされる。

【玩具】

西南少数民族の伝統的玩具は、竹、木などの地元で手に入りやすい素材を用いてつくられてきた。玩具のモチーフは犬、馬、蛙、蛇、雀などの人間にとって親しみのある動物が多い。これらの玩具は子どもの遊び、知力開発の機能と同時に、工芸品としての鑑賞機能もあわせもったものである。素朴なつくりとあざやかな色使いは、少数民族の豊かな想像力と伝統文化の力強さを感じさせられる。（韓）

玩具（犬使い）
H215972　チワン族　広西チワン族自治区靖西県
旧正月の際に、村の少年がよその村や町に行って民家や店の前で張り子の犬を操って、祝儀をもらう。

玩具（木馬）
H139518　ペー族　雲南省
雲南省ペー族の民間玩具、木馬である。
木馬のほかに蛙、竹の蛇などの玩具もあり、
子どもたちのお正月の遊びに欠かせないものである。

玩具（犬）
H215970・H215971　チワン族
広西チワン族自治区靖西県
布や竹でつくった張り子の犬を使った舞狗（ウーゴー、犬舞）は
龍舞や獅子舞と同じように、チワン族の人びとにとって
典型的なお正月の娯楽である。現在、犬舞は少なくなっている。

第2部　西南少数民族の工芸

呪術用切り紙細工
H215982〜83　チワン族　広西チワン族自治区靖西県
馬の背中に立った姿でさまざまな儀式のなかで身代わりとして使われる「茅郎」。たとえば、中元節でチワン族の人びとが祖先に紙の衣服を送るときに、「茅郎」をお使いとして紙の衣服といっしょに小舟に載せて、川に流す。

呪術用切り紙細工
H215985・H215988
チワン族　広西チワン族自治区靖西県
広西チワン族の呪術用の切り紙細工。
人間の形をしているものは「茅郎（マオラン）」と呼ばれ、儀式対象の人間の身代わりとして、よく使われる。
手を上げている「茅郎」は、生者の身代わりである。
手を下ろしている「茅郎」は、死者の身代わりと見なされる。

呪術用切り紙細工
H215973〜75
チワン族　広西チワン族自治区靖西県
この切り紙は広西靖西県では「咯魂（※カーフゥン）」といい、子どもの魂という意味のチワン語の音読みである。
チワンの人びとは子どもの無事成長を祈願するためにシャーマンを家に呼んで儀式を行う。
その際にシャーマンが「咯魂」の切り紙を切り、依頼された家の祭壇に貼る。

【護符】

　雲南ペー族の甲馬紙（ジアマージー）と広西チワン族の呪術用の切り紙細工は、子どもの無事成長、家内安全、幸運の招来を願う護符（お札のようなもの）である。甲馬紙は絵馬ともいう木刻黒白版画の護符である。護符によって一年の家内安全・無病息災などを祈るのは、ペー族やチワン族などの少数民族のみならず、漢族のあいだでも広く見られる。宋代の市民生活を描いた『東京夢華録』のなかで記述された「紙馬舗」は当時の護符需要の大きさを物語っている。

　ペー族の甲馬紙は線が簡潔、かつ粗放である。つくり方が簡単なので、そのほとんどは村人によってつくられている。甲馬紙に登場する神は本主（地域の守護神）、大黒天神、狩猟の神のようなペー族独自の神もいれば、龍王、水神、火神、張魯二班のような漢族の神もいる。また、その機能からみても、橋梁道路、六畜糞神から五穀の神、床神まで、人間活動の数だけさまざまな役割の神が存在する。紙製の護符は少数民族の暮らしと豊かな信仰世界を伝えてくれる民芸である。（韓）

104　The Profound Earth —— Ethnic Life and Crafts of China

護符（甲馬紙）
H280225　ペー族
雲南省大理ペー族自治州
このお札にはペー族独自の宗教観念から生まれた神で、
「本主」と総称される地域の守護神の神像が
描かれている。

護符（甲馬紙）
H208212　ペー族
雲南省大理ペー族自治州
ペー族独自の宗教観念にのっとった
「大黒天神」という神の像が描かれている。

護符（甲馬紙）
H208948　ペー族　雲南省大理ペー族自治州
漢族の大工業界の始祖とされている張班と魯班という二柱の神像が描かれている。

護符（甲馬紙）用版木
H208118　ペー族　雲南省大理ペー族自治州
ペー族の護符である甲馬紙を刷るための版木である。
昔から伝わる版木に墨、あるいはインクを塗り、
色の着いた紙に図像を押す。

● 甲馬紙

甲馬紙はかつて各地の漢族居住地域に分布していたが、現在、主に雲南省の漢族、同省大理のペー族、楚雄のイ族などの少数民族地区に分布している。漢族は漢代から雲南地域に流入しはじめ、明代に移住のピークをむかえた。移住過程のなかで甲馬紙のような出身地の風俗と墨線だけを印するという明代の木刻技法も持ち込んできた。ペー族は漢族の甲馬紙を受けながら、民族独自の鬼神も取り入れ、特色ある技法と信仰の世界を生み出している。

第2部　西南少数民族の工芸　105

室内装飾用木彫（部分）
H237939　ペー族　雲南省大理ペー族自治州剣川県

室内装飾用木彫
H237939　ペー族　雲南省大理ペー族自治州剣川県
雲南剣川県金華鎮ペー族の大工が制作した木彫りの壁飾りである。
腕ききの職人たちが伝統を守りながらも、新しい技術にさらなる磨きをかけている。

扉と窓
雲南騰衝県和順郷の漢族劉氏の家。
精緻で清雅な雰囲気の扉と窓は
剣川ペー族の大工によって施されている。

扉の装飾
雲南騰衝県和順郷の漢族李氏の家の扉の装飾。
精緻に彫刻された動物から
熟練職人たちの技がうかがえる。

木彫（獅子）
H170621　ペー族
雲南省大理ペー族自治州剣川県

〖木工芸〗

　ここで取り上げる木工芸は雲南省大理ペー族自治州剣川県で収集されたもの。中国で木彫のふるさととして知られている雲南省剣川地域は、樟、楸（トウキササゲ、漢名楸、学名 Catalpa bungei）などの優良品質の木材の産地であり、優れた木工芸の職人が輩出してきた地域でもある。

　剣川の木彫は家具、建築装飾と置物の工芸品の三種類に大別することができる。机、食卓、椅子などの家具をつくる場合、龍、鳳凰、花鳥、昆虫、魚などの吉祥を象徴する模様と図案、あるいは吉祥の文字の彫刻がよく施されている。反り返った軒先、水平材の先端部の木鼻、扉と窓は第二の建築装飾の木彫に該当する。第三の置物の工芸品は仏像、動物、植物、花鳥、仮面、玩具、壁画などを含む。高い実用性、すぐれた装飾性と気品のある芸術性を合わせ持っているのが剣川の木彫の特徴である。

（韓）

第2部　西南少数民族の工芸

〚竹工芸〛

　西南少数民族は、長い歴史のなかで自然とともに歩んできた。竹は西南諸民族が古くから頻繁に利用し、もっとも愛する植物のひとつである。ペー族、ミャオ族、チワン族などの少数民族の人びとは竹を用いて、衣・食・住・行・娯楽などの日常生活に必要なさまざまな道具をつくっている。竹細工の筌、火鉢、弁当箱、裁縫道具入れの籠などは、純朴さと精緻さを持ち合わせ、少数民族の知恵と創意工夫を伝えている。同時に、潤いとゆとりのある暮らしぶりと豊かな自然のなかで育んできた民族文化の芳しさと力強さを表現している。　　　　　（韓）

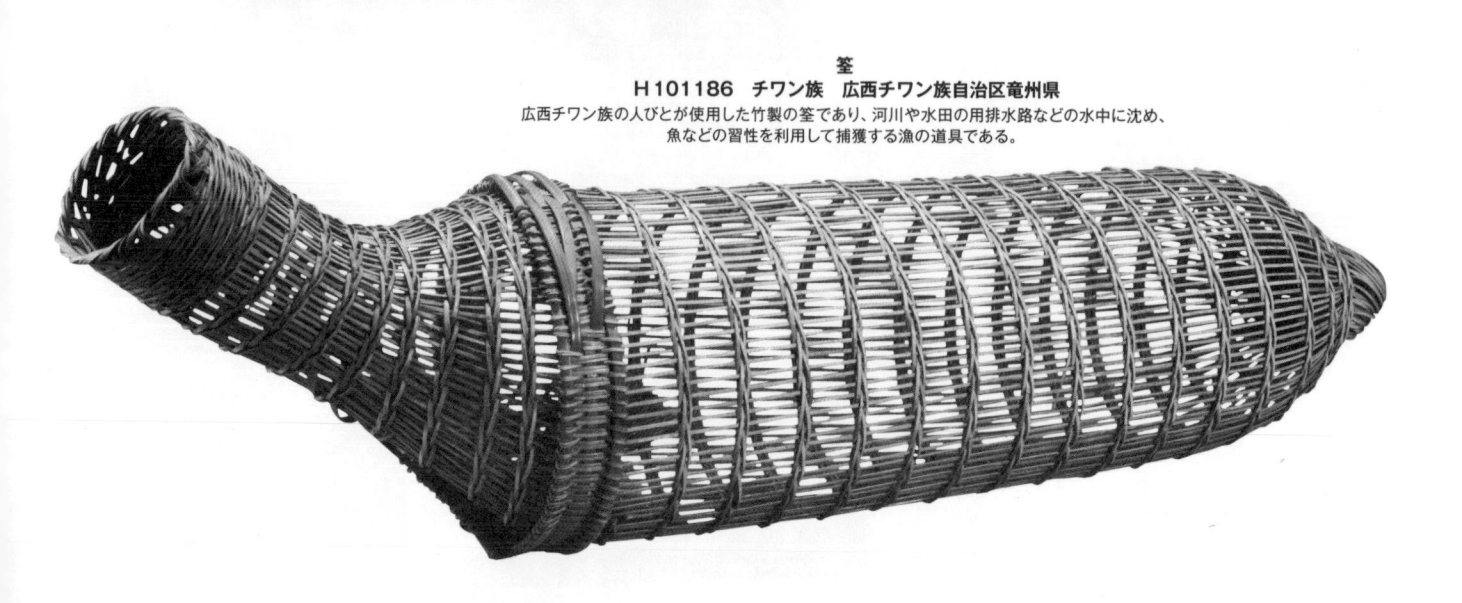

裁縫道具入れ
H101069　ミャオ族　貴州省雷山県
きれいな曲線とバランスの取れた箱の形はミャオ族の人びとの美意識を浮き彫りにしている。

弁当箱
H170331　ペー族　雲南省大理ペー族自治州
丈夫で精緻にできている雲南ペー族の竹の弁当箱である。素朴さのなかから創意工夫がうかがわれる。

筌
H101186　チワン族　広西チワン族自治区竜州県
広西チワン族の人びとが使用した竹製の筌であり、河川や水田の用排水路などの水中に沈め、魚などの習性を利用して捕獲する漁の道具である。

火鉢
H170241　チワン族　広西チワン族自治区靖西県
持ち歩くために手提げ籠の形につくられている。老人たちがよく使っている。

第2部　西南少数民族の工芸　109

【金属工芸】

　西南中国の少数民族は諸民族交流の歴史のなかで高度な金属製造の技術を身につけている。ペー族の銅製品加工技術はその例である。ペー族の人びとがつくった銅製のすり鉢、キセル、水差しなどの日用品は性能が優れているだけでなく、美しく精緻につくられているので、工芸品としても高い水準に達している。
　雲南省鶴慶地域のペー族出身の銅細工師によって製造された銅製の水差しは、ペー族のみならず、他の少数民族の人びととのあいだでも人気があり、よく購入され、日常的に使用されている。特にイスラム教徒である回族の人たちは、流水で手を洗う習慣があるので、水差しは彼らの必需品である。また、ジンポー族の刀は、もともと男性たちの必須の生産道具であり、常に携帯して、道を歩く装飾品でもある。男の子が生まれるときに母方の祖父母がよく男のシンボルである刀をその子にプレゼントする。また、婚約のしるしとして男性が刀を女性に送ることもある。　　　　　　　（韓）

刀
H93724　ジンポー族
雲南省徳宏タイ族ジンポー族自治州隴川県
ジンポー族の男性が常に携帯する刀。
男らしさを表すこの刀は友情の印として
友だちに送る最高のプレゼントでもある。

鈴
H237713　ナシ族　雲南省大理ペー族自治州麗江市
半球形の銅鈴は以前から馬邦マーバン
（馬を使ってお茶、シルク、宝石などの商品を運送していた人びと）が
使っていた。銅鈴にナシ族のトンパ文字を刻んで
観光商品として売り出したのは、最近である。

水差し
H237711　ペー族
雲南省大理ペー族自治州鶴慶県
雲南省鶴慶地域のペー族出身の
銅細工師が製造したもの。

喫煙用パイプ
H209050　ペー族　雲南省大理ペー族自治州
雲南ペー族の人びとが使用した銅製のキセル。

The Profound Earth — Ethnic Life and Crafts of China

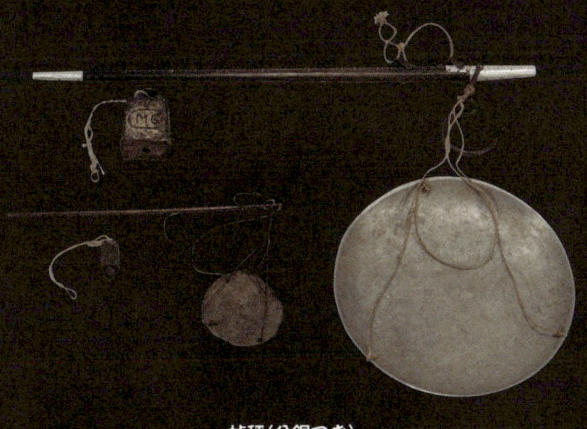

棹秤（分銅つき）
H226215・H226216　ミャオ族　貴州省雷山県

銀塊と民国時代の銀貨
H226247～52　ミャオ族　貴州省雷山県
ともに銀細工の材料。貴州省には銀鉱がなく、昔の銀貨などを溶かして銀細工をしてきた。今は加工用に市販の銀の棒が流通している。

伝統的な銀細工工房
今はふいごがガスバーナーに変わり、加工にも電動の工具を使う。このような昔ながらの工房は少なくなっている。貴州省雷山県西江鎮。

ふいご・銀窩・火バサミ
H226217・H226219～21・H226241～44
ミャオ族　貴州省雷山県
銀を溶かす道具。
ふいご（右）の取手を手で押し引きして火床に風を送り、銀細工の材料を入れた銀窩（中、耐火粘土製）を火バサミ（左）で火にかざして銀を溶かす。

【銀細工工房】

　中国の歴史において銀は秤量貨幣として納税などにも用いられ、社会的に重要な位置をしめてきた。一方で、西南中国の少数民族の社会では銀製の装飾品を身につける慣習があり、さまざまな装飾を施した銀製品がつくられている。とりわけ、ミャオ族の女性の盛装に銀細工の装飾品は欠かすことができない。ミャオ族の女性が身につける髪飾り、扇、かんざし、くし、首飾り、胸飾り、イヤリングなどはひじょうに華やかなことで有名である。

　こうした工芸品は多くの場合、民間の職人によってひとつひとつ丁寧につくられてきた。彼らは銀のかたまりを熔かし、装飾品に必要な部分ごとに型を鋳ぬき、それらに彫刻刀を用いて花や龍、鳳凰といった図案を彫りこみ、最後に部品同士を溶接してひとつの装飾品に仕上げるという工程をとる。銀細工製作に用いられる道具はひじょうに簡単なものであるが、製作される製品はいずれも精緻に富み、職人たちのすぐれた技巧がうかがえるものが少なくない。

（野林）

灯油ランプ・吹管・ピンセット
H226224・H226225・H226228〜31　ミャオ族　貴州省雷山県
溶接道具。灯油ランプに灯油を入れて、芯に点火し、木板の台の上で、
鉄製ピンセットで銀細工を持ち、吹管から空気を吹き付けて火を送り銀を溶接する。
溶接の際の接着には硼砂（ほうしゃ）を入れた水にひたした小さな銀の粒を用いる。

加工台（鉄砧）・かなづち・銀槽
H226232・H226233・H226263
ミャオ族　貴州省雷山県
加工台（鉄砧）は鉄のカナトコを丸太を切った台木にはめこんだもの。
銀の棒や塊を叩いて板状に加工する。
銀槽は溶かした銀を流し込んで棒板にするためのもので、土レンガ製。

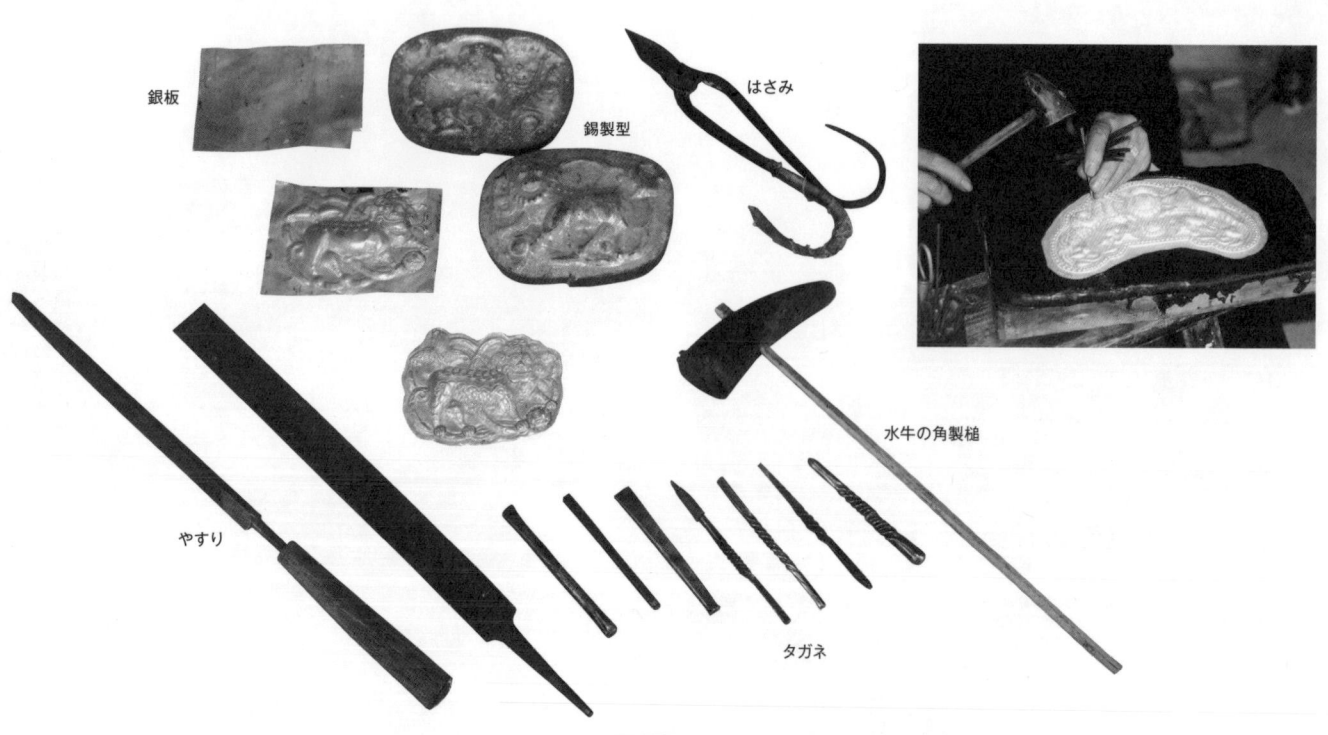

銀板

錫製型

はさみ

水牛の角製槌

やすり

タガネ

彫銀用工具
H226218・H226223・H226226・H226227 ほか　ミャオ族　貴州省雷山県
錫製型は中に模様が施してあり、銀板を入れてふたをして押さえ成形する。
銀板を鋳型で成形し、さらにこれをヤニ台（松ヤニやススなどを温めて木台にたらしたもの）に固定して、
タガネで細かい模様を刻む。彫銀の際に繊細な模様を刻むには、やわらかい水牛の角製の槌を用いる。

112　The Profound Earth —— Ethnic Life and Crafts of China

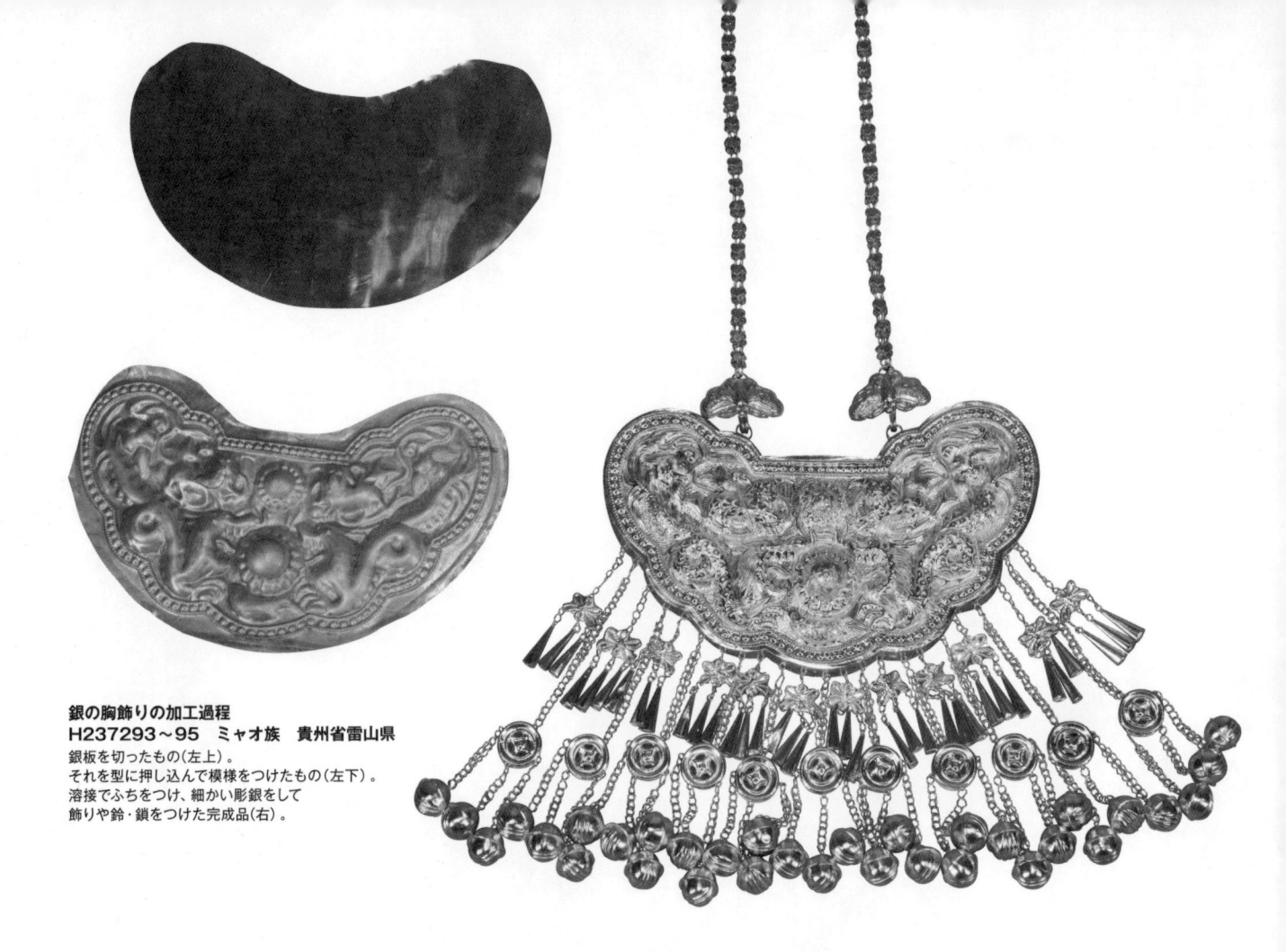

銀の胸飾りの加工過程
H237293～95　ミャオ族　貴州省雷山県
銀板を切ったもの（左上）。
それを型に押し込んで模様をつけたもの（左下）。
溶接でふちをつけ、細かい彫銀をして
飾りや鈴・鎖をつけた完成品（右）。

イ族の銀製品
H230231～39　イ族　四川省涼山イ族自治州美姑県
鳥の形をした酒器は、お尻のほうから酒を入れてクチバシから注ぐ。
酒杯と酒器を置く台。

第2部　西南少数民族の工芸　113

ミャオ族女性の胸飾り
H226108　ミャオ族　貴州省雷山県
「双獅戯珠」(2頭の獅子が宝珠をめぐって舞う場面)模様が浮き彫りにされている。宝珠の下には魚の模様が見える。
鳳凰、龍、獅子、麒麟など縁起のよい模様が好まれる。銀は装飾品のひならず、母から娘へと伝えられる財産でもあり、魔よけの力をも持つものとして重んじられてきた。

ミャオ族女性の首飾り
H226084～H226101　ミャオ族　貴州省台江県施洞鎮
首飾りには「双龍搶宝」(2頭の龍が宝珠を奪い合っている場面)の模様が浮き彫りにされている。
首飾りの下に、蝶、魚などの形をした飾りや鈴などがたくさん下がっており、歩くとジャラジャラと音がする。

column 6

観光客と少数民族のあいだ
——雲南の民族観光

岡 晋 *Susumu Oka* 総合研究大学院大学文化科学研究科

雲南省の西南部に住むワ族と、西北部に住むナシ族。
1,000キロ以上も離れて住むふたつの民族の村が、わずか徒歩10分弱の距離にある。
1980年代以降、雲南各地には民族風情園と呼ばれる観光施設が数多く建てられた。
近年、当該民族が主体となるエコミュージアムが注目を集めている。

　雲南省のワ族村。太鼓の音と男性の掛け声が響くなか、民族衣装を身にまとった数人の男女が、環をつくって烈しく踊る。これを見ていた観光客は、ひとり、またひとりと、環のなかに吸い込まれていく。力強く男性的なワ族の踊りを十分に堪能したら、次は少し歩いて、ナシ族の村に行く。ここでは女性の高い歌声が印象的なナシ族の踊りを楽しむ。

　雲南省の西南部に住むワ族と、西北部に住むナシ族。1,000キロ以上も離れて住むふたつの民族の村が、わずか徒歩10分弱の距離にある。昆明にある雲南民族村では、このように省内の民族文化がコンパクトに展示され、短時間でそれらを見ることができる。もっとも、民族ごとに2軒程度の伝統的家屋からなる「村」がつくられてはいるものの、そこで働く「村人」は、毎朝バスで昆明市街から通っている。

ワ族の踊りを楽しむ観光客
雲南民族村

妻問いの風習を実演するナシ族村のモソ人
雲南民族村

▣ トンバを演じる老人

　雲南民族村は、1980年代にはじまった雲南の民族観光を象徴する施設である。これをモデルにして、雲南各地には民族風情園と呼ばれる類似施設が次々と建設された。例えば、シーサンパンナの景洪には、タイ族をメインとする民族風情園がつくられた。ここでも伝統的家屋が民族ごとに建てられ、民族衣装を身に着けたスタッフが、タイ族の伝統節句である水かけ祭の再現などを実演する。

　また、麗江の旧市街にあるトンバ宮も、

注
日本では「トンバ」という表記が一般的だが、ここでは現地の発音により近い「トンパ」を用いる。

タイ族村の入口
雲南民族村

民族風情園のひとつである。ここでは、メインストリートに面した門の前で、ナシ族の宗教的職能者とされる「トンパ(注)」を演じる老人が椅子に腰をかけ、観光客を集めている。開演時間の夜8時には満員御礼となり、多くが農村出身者という民間芸術団によってナシ族の伝統芸能が次々と上演され、最後に老人が流れるように筆を使ってトンパ文字を描き、厳かに解説をする。

エコミュージアムを訪れた観光客
雲南省新平県

◉ 環境に優しい野外型博物館

景洪も麗江も民族観光が盛んで、観光施設が多い。しかし、それらの施設の経営には、資金を豊富にもつ他地域の人が深く関与し、スタッフも貧困地域からの出稼ぎ労働者であるケースが少なくない。当該民族が主体となって、積極的に民族観光の運営に関与することは難しい。

こうした状況下で、最近はエコミュージアムの建設が注目されている。エコミュージアムとは、既存の人的・物的資源を有効活用して、その土地の人びとが主体となってつくる環境に優しい野外型博物館である。雲南では、農村地域で数年前からWWF（国際自然保護基金）など、国内外の環境保護活動団体がエコミュージアム建設を支援し、また、「観光大省」を目指す雲南省政府も、エコミュージアムの「一村一品」を目指している。

建設中のエコミュージアム
雲南省迪慶チベット族自治州

◉ 少数民族の苦悩と戦略

伝統的な民族文化を自然環境の恵まれた場所でゆっくりと体験できるエコミュージアムは、観光客にとって理想的である。しかし、当事者たちには厳しい現実がある。観光誘致をめぐる村内での不協和音や、日常的に自らを見せることによる倦怠感、さらには類似施設の急増に伴う共倒れという不安要素は払拭しきれない。

この困難な状況を乗りこえて、彼らが今後どのような形で自分たちの文化を展示・紹介していくのか。この点は、民族観光を楽しむ観光客が少数民族の人びとの苦悩と戦略をどの程度まで理解しようと歩み寄れるのか、という問題とも結びついている。

第❷部　西南少数民族の工芸

楽
たのしむ

人びとが日々暮らすなかで、楽しみを感じる時間はかけがえのないものである。疲れや悩みを解きほぐし、明日を生きていく力を与える。音楽や絵画などの芸術や文芸は人の心に直接はたらきかけ、気持ちを和ませる。それらの芸術や文芸は、作品を生み出す側にも、作品を受け取る側にも「楽しむ」ひとときをもたらす。楽しみにかかわる人の芸や技は、人と人とのあいだを結びつけ、コミュニケーションを紡ぎながら、その輪を広げていく。多くの人びととともに分け合うところに私たちの楽しみは極まるのかもしれない。

　このような「楽しみ」にかかわる中国西南部の少数民族の芸や技はいろいろある。ここでは「楽器」と「文字」を取り上げる。いずれも人びとのあいだのコミュニケーションに深くかかわっている。

　音楽は音で人に楽しみを与える。少数民族の人びとは声を使った歌の芸能を発達させてもいるが、またさまざまな楽器を用いて音楽を生み出してきた。若者は時にことばで直接、語りかける以上に、楽器が奏でる音によって相手に愛を伝えた。人びとが祭りで集い、踊るとき、楽器の響きがその空間にリズムを生み、その場の雰囲気を盛りあげていく。人びとは楽器を愛し、手作りで自分に心地よい音色をつくりあげた。また、魅力ある外来の楽器を手に入れようとし、手に入らなければ、それを真似てつくろうともした。

　世界の他の地域でもそうだが、中国西南部の少数民族の楽器を見ると、ほとんどの場合、複数の民族にまたがって同種の楽器が使われているのは、楽器の持つ伝播の力の大きさと無関係ではないだろう。そのなかでも漢族から入ったと思われる楽器は、二胡や哨吶（スオナー、チャルメラ）をはじめとして広く分布している。近年、観光において「古楽」として人気を集めているナシ族やペー族などの「洞経音楽」は、明代以後、雲南に多数の漢族が流入するのにともない、その地に伝わった。道教を柱に儒教ならびに仏教を融合した宗教活動とともに、笛や哨吶などの管楽器、三弦や琵琶、二胡などの弦楽器、太鼓や銅鑼（どら）、鈸（はつ、シンバル）などの打楽器からなる大編成の楽隊である。それに対し、ひょうたんや竹を素材とする笛や笙の旋律は、少数民族ひとりひとりの暮らしに寄り添い、そのなかに深く入り込んでいる。考古学的にも古い歴史が認められる銅鼓やその他いろいろな形の太鼓が刻むリズムは、人びとに故郷を感じさせるに違いない。

　楽器は聴覚に訴えかけるが、文字の使用は、聴覚によることばのコミュニケーションを視覚に変え、時空を超えて人に伝えることを可能にする。その場に同時に居合わせない人びとをつなぐことができる。西南部の少数民族のすべてではないが、伝統的に自分たちのことばを記録する文字を持っていた人びとがいる。神々に捧げることばや地域の歴史、薬草や暦の知識などがそれによって記録された。そこに記された人類や穀物の起源神話、歴代祖先の年代記、あるいは地域で育まれた知恵は、人びとの想像力をかきたて、さらなる知的営みをもたらしたであろう。

　中華人民共和国成立後は、ラテン文字による新しい民族文字づくりが進められている。ここでは伝統的に独自の文字を使ってきた少数民族の文字を紹介する。　　　　　　　　（横山）

【楽器】

　楽器は、冠婚葬祭や祭りで披露される歌や踊り、そして娯楽や感情を表現する際に欠かすことのできない重要な道具である。

　中国西南少数民族の楽器は、素朴なものが多く、いっけん精密さや華やかさに欠くという印象をもたれることがある。しかし、楽器は、各民族の風習や習慣、風土に合わせてつくられており、民族の性格が楽器にそのまま反映しているといえる。使われる素材も、各民族の生活環境や生業形態と密接に関係している。タイ族の葫蘆絲（ひょうたん笛）、ミャオ族の蘆笙など、ひょうたんや竹などの素材を多く使用すること、そして楽器上の彫刻や紋様からも民族の特徴をうかがいとることができる。

　とはいっても、各民族間の交流は深まっており、多くの場合、さまざまな民族が同じ楽器を使用していたり、少数民族が漢民族の影響を多分に受け、二胡など本来少数民族の楽器ではないものを自民族の音楽世界に取り入れるなど、民族間の境界や特徴があいまいになっていることも確かである。

　楽器は、吹く、擦る、弾く、打つの4種類に分けられ、それぞれ異なる仕組みと表現力を持っている。少数民族に広く愛用されている哨吶（チャルメラ）や、肩から斜めにつり下げて叩く象脚鼓、愛情表現にも使われる葫蘆絲（ひょうたん笛）など、楽器によって、西南少数民族の個性が表現され、素朴な作りでさえ愛らしく見えてくる。

（陳）

哨吶（スオナー）
H237829　ペー族　雲南省大理ペー族自治州
日本ではチャルメラとして知られる。
3世紀頃、中央アジア方面から
新疆ウイグル地区を経て中国に伝わった。
かん高く響きわたる音色が特徴であり、
今では中国で広く愛用されている。

蘆笙（ルーシェン）
H226314　ミャオ族　貴州省台江県
ミャオ、ヤオ、チワン族などが最愛とする
リード付き管楽器。
雅楽の笙のような和音奏法ができる。大小さまざまあり、
大きなものでは4m以上のものもある。
音だけでなく見た目にも存在感があり、
祭りには必須の楽器。

葫蘆絲（フルス）
H139468　雲南省
ひょうたん笛の一種。これは雲南省のもの。
通常、ひょうたんを用いる胴の部分が銅でできている。
独奏や合奏のほか、踊りの伴奏、
さらには男女の愛情表現にも使われる。

洞経音楽
「観音老祖会」で音楽を演奏しながら経典を神仏に詠唱する雲南省大理市周城村の「洞経会」の人びと。2007年。

[上]蘆笙舞
「昆明市第2回体育運動会」で、蘆笙を鳴らしながらステップを踏んで「蘆笙舞」を踊るミャオ族の人びと。1984年。

[下]哨吶
同体育運動会で雲南省昆明市石林県のイ族（サニ）の人びとが吹く哨吶（スオナー）。1984年。

泥哨（ニースオ）
H139520～25　雲南省
土笛。高さ3～5センチメートルほどの小さな楽器。草原など放牧をする地域で愛用されている。牧畜の補助道具の笛として以外に、愛らしい見た目から牧童や女性が思いのままの曲を奏でるなど娯楽にも使われている。

第2部　西南少数民族の工芸　121

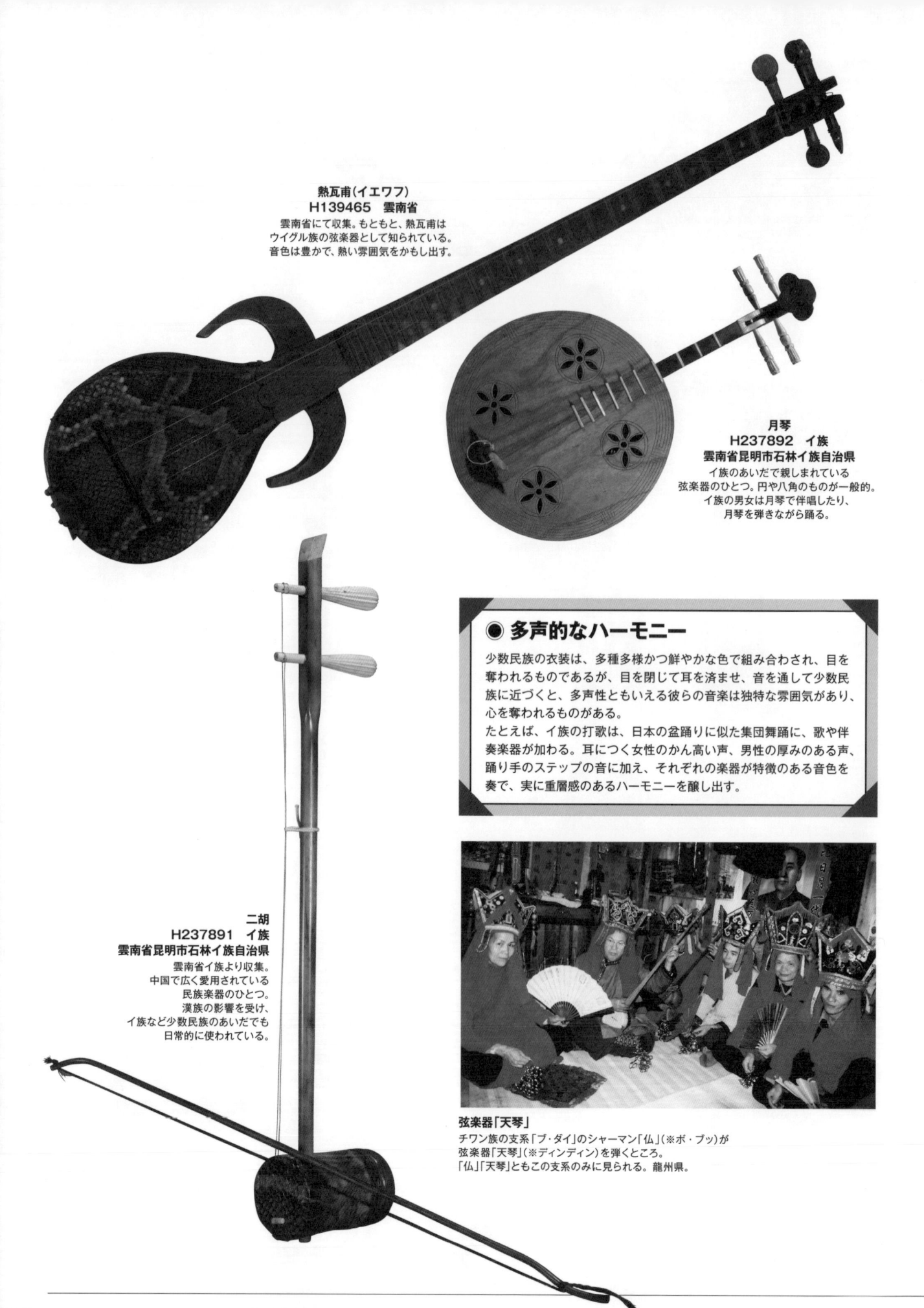

熱瓦甫（イエワフ）
H139465　雲南省
雲南省にて収集。もともと、熱瓦甫は
ウイグル族の弦楽器として知られている。
音色は豊かで、熱い雰囲気をかもし出す。

月琴
H237892　イ族
雲南省昆明市石林イ族自治県
イ族のあいだで親しまれている
弦楽器のひとつ。円や八角のものが一般的。
イ族の男女は月琴で伴唱したり、
月琴を弾きながら踊る。

● 多声的なハーモニー

少数民族の衣装は、多種多様かつ鮮やかな色で組み合わされ、目を奪われるものであるが、目を閉じて耳を済ませ、音を通して少数民族に近づくと、多声性ともいえる彼らの音楽は独特な雰囲気があり、心を奪われるものがある。
たとえば、イ族の打歌は、日本の盆踊りに似た集団舞踊に、歌や伴奏楽器が加わる。耳につく女性のかん高い声、男性の厚みのある声、踊り手のステップの音に加え、それぞれの楽器が特徴のある音色を奏で、実に重層感のあるハーモニーを醸し出す。

二胡
H237891　イ族
雲南省昆明市石林イ族自治県
雲南省イ族より収集。
中国で広く愛用されている
民族楽器のひとつ。
漢族の影響を受け、
イ族など少数民族のあいだでも
日常的に使われている。

弦楽器「天琴」
チワン族の支系「ブ・ダイ」のシャーマン「仏」（※ボ・ブッ）が
弦楽器「天琴」（※ディンディン）を弾くところ。
「仏」「天琴」ともこの支系のみに見られる。龍州県。

122　The Profound Earth —— Ethnic Life and Crafts of China

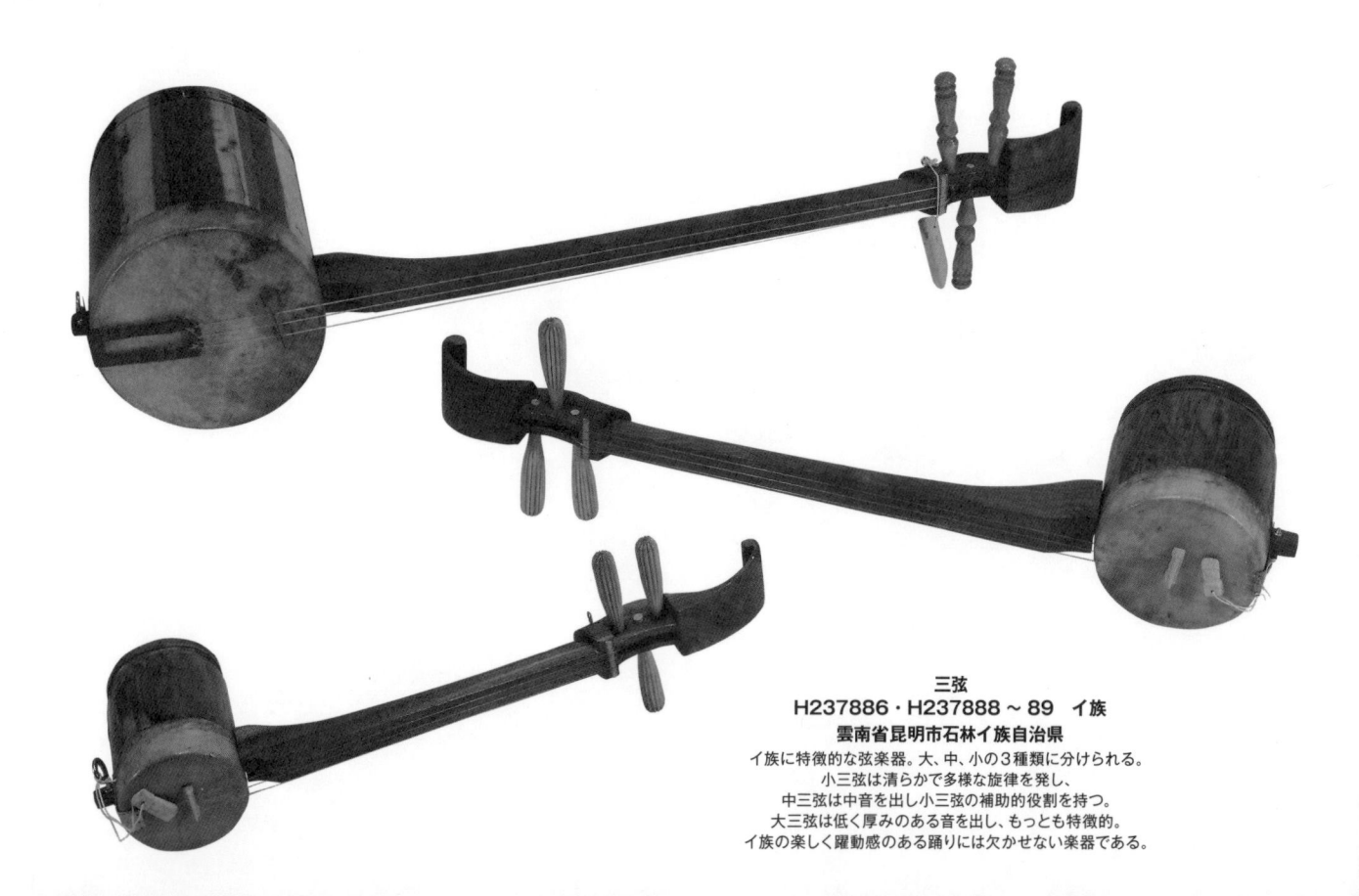

三弦
H237886・H237888〜89　イ族
雲南省昆明市石林イ族自治県

イ族に特徴的な弦楽器。大、中、小の3種類に分けられる。
小三弦は清らかで多様な旋律を発し、
中三弦は中音を出し小三弦の補助的役割を持つ。
大三弦は低く厚みのある音を出し、もっとも特徴的。
イ族の楽しく躍動感のある踊りには欠かせない楽器である。

大三弦の伴奏で踊る
旧暦6月24日のイ族のたいまつ祭りの日、イ族(サニ)伝統の闘牛や相撲の行われる長湖の会場に勢揃いしたサニの青年男女は、大三弦を響かせながら「跳月」を踊る。1984年。

第2部　西南少数民族の工芸　123

銅鼓を打つ
銅鼓をたたくヤオ族(白褲ヤオ)の男性たち。
銅鼓は葬送儀礼など特別なときに打つ神聖な楽器である。
広西チワン族自治区南丹県。

● 暮らしから生まれた楽器

西南少数民族の楽器は、見た目に素朴なものが多いのが特徴である。それは、それらの楽器が、純粋に音楽、芸能のためにつくられているのではなく、むしろ、日常の生活や宗教信仰などと密接にかかわっており、生活の他の文化要素と不可分であるからだといえよう。
素材も、彼らの生活環境と密接に関係している。蘆笙の竹や、葫蘆絲（フルス）のひょうたんなどはよい例であろう。また、一枚の木の葉が楽器となることは、ミャオ、ブイ、ハニ族などのあいだではしばしば見られることである。

八角鼓
H237843　ペー族　雲南省大理ペー族自治州
ペー族の打楽器。タンバリンのように手で打つこともあれば、鼓背についているばちを使って打ち鳴らすこともある。踊りながら演奏され、楽しく愛らしい雰囲気がかもし出される。

象脚鼓
H236823　タイ族　雲南省西盟ワ族自治県
タイ族の代表的な打楽器。
文字通り、鼓形が象の脚に似ていることから名付けられた。
演奏時は、紐で肩に斜めかけ、両手で打ち鳴らす。
雄渾で響きのある音は、
民間舞踊の伴奏として親しまれている。

銅鼓
H191139　スイ族　貴州省三都県
ミャオ、チワン、スイ族に伝わる打楽器。
通常、鼓面は直径50センチ、高さ30センチほど。
胴部は底なしの空洞。上から吊り下げ、ひとりはばちで鼓面を打ち、
ひとりは裏から桶を鼓底にあてて音を共鳴させる。
音は低く厚みがあり、遠くまで響き渡る。

第2部　西南少数民族の工芸　125

column 7

愛を奏でるひょうたん笛
——雲南の葫蘆絲(フルス)

伊藤 悟 *Satoru Ito* 総合研究大学院大学文化科学研究科

男性は一日の仕事を終えると、
夜中に笛を吹きながら慕う女性の家まで歩いていく。
そして女性がいる部屋に向けて、まるで歌うかのように、想いをこめて笛を吹き、
女性が家の門を開けてくれるまで演奏し続けた。

中国全土で最近とても注目を集めている少数民族の笛がある。葫蘆絲(フルス)という名前で親しまれ、見た目も可愛らしいひょうたんと3本の竹から成る楽器である。音は私たちが雅楽で耳にする笙の音色に近い。そして、遠くアイルランドのバグパイプを思わせる2つのドローン音が鳴る。

ひょうたん笛
H237919
タイ族　雲南省徳宏タイ族ジンポー族自治州
エン・ダーチュエン氏制作。
伝統楽器の音階と音量に改良を加えた。

◉求愛の音色

このひょうたん笛は主に雲南省のビルマ国境に接した徳宏州やその周辺地域のタイ族、ダアン族、アチャン族などの人びとによって演奏された。例えば、かつてタイ族の男性は好きな女性に想いを伝えるために笛を吹いた。老人たちに当時はどのように笛を吹いていたのかたずねてみると、自慢げに若かりし頃の思い出を語ってくれる。

男性は一日の仕事を終えると、夜中に慕う女性の家まで笛を吹きながら歩いていく。そして女性の機を織る音を耳にすると、女性がいる部屋に向けて、まるでうたを歌うかのように、想いをこめて笛を吹き、女性が家の門を開けるまで演奏し続けた。

女性は笛の音を聴くと、しばらく手を休めてその音色に耳を傾け、相手が誰であるのか、笛で何を伝えようとしているのかを聴き分ける。家の両親や老人たちは、その男性が働き者かどうか、忍耐力があるかどうかを演奏の技術や音色から判断する。時には意地悪く門を開けず、1時

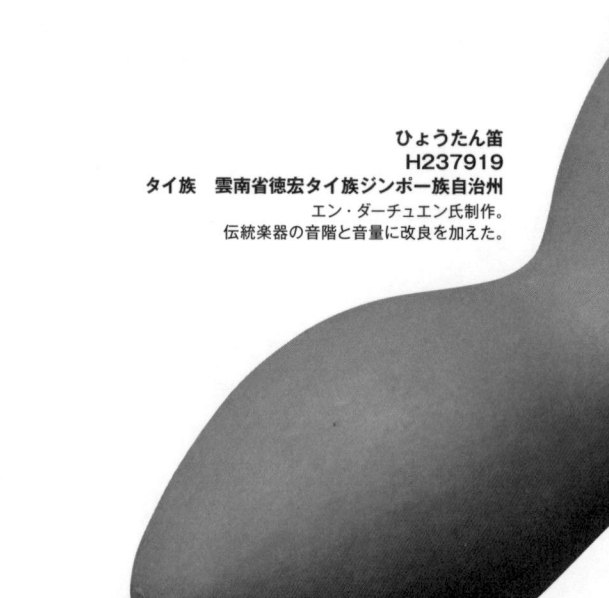

タイ族の老人
かつては笛や牛角胡弓で女性の心を射止めた老人たち。

村落の楽器職人、馮紹興氏
村落で多くの若者に楽器の制作・演奏技術を伝承する。

注
ジューズハープ。日本ではびやぼん、アイヌのムックリがある。

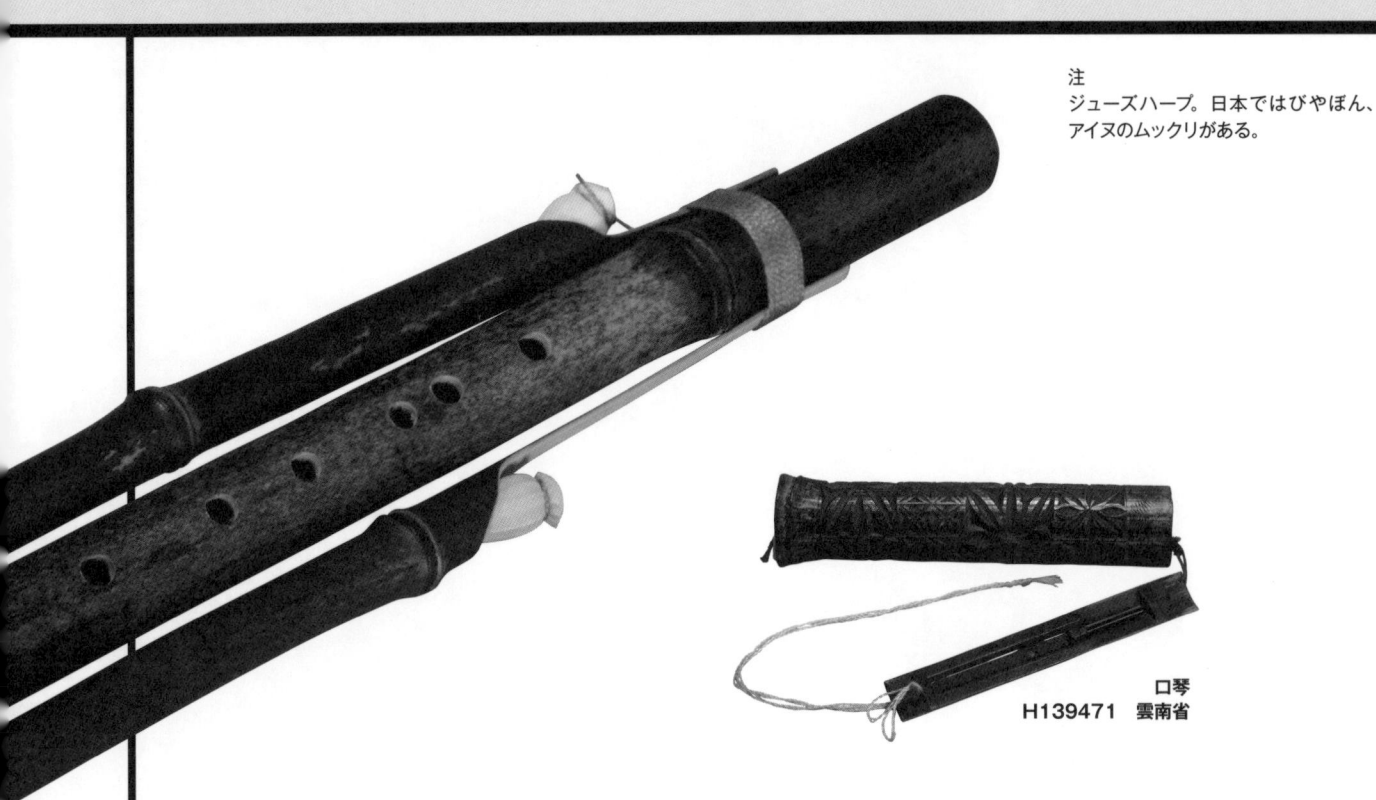

口琴
H139471　雲南省

エン・ダーチュエン氏
ひょうたん笛の第一人者エン・ダーチュエン氏。
笛が完成するとタイ族文字でひょうたんにエン氏のサインを彫る。2007年。

間以上も演奏させることがあったという。
　そして、女性が門を開け男性を居間の囲炉裏に呼び寄せると、家族はそれぞれの部屋に戻り、2人の恋愛を邪魔しないように気を配る。女性は男性が吹いた笛のお返しに、口琴(注)を取り出して男性の耳元で音を奏でる。男女の間では楽器の演奏が会話の手段だったのだ。

消失の危機からの脱却

　今ではこうしたロマンチックな恋愛行為は行われない。都市部からやってくる音楽学者たちは早くからこの笛の音色に惚れ込み、楽器を舞台芸術に用いるために西洋音階に改造する試みを行った。しかし、1980年代以降、経済発展に反比例するかのように、タイ族農村では笛の技術や伝統曲は消失の危機に瀕した。少数の愛好者がひっそりとその伝統を継承するのみだった。なぜなら結婚した男性がひょうたん笛を吹くことはタブーとされ、妻や子供たちに内緒で演奏しなければならなかったからだ。

　そして、ついに農民であったタイ族のエン・ダーチュエン氏が小刀ひとつで笛の普及を始めた。エン氏の奏でる音色とひとつひとつ心をこめて作る楽器はたちまち全国の人びとを魅了していく。1999年昆明市で開催された世界園芸博覧会を境に、ひょうたん笛は様々な地域の学校教育に取り入れられる。異なる民族の楽器を通じて文化を学びあう、新たな文化交流が始まった。今ではタイ族農村の若者たちも伝統を見直し、古くから伝わる音楽を学び、ひょうたん笛の音色を継承している。

　もしも、夜更けに自然の音風景のなかからひっそりと響くひょうたん笛の音色を耳にしたなら、きっと誰しもがその美しい音色に心奪われてしまうことだろう。

第2部　西南少数民族の工芸　127

トンパ経典
H237782〜96　ナシ族
雲南省迪慶チベット族自治州香格里拉県三壩郷
三壩郷で行われた消災儀礼で用いられたトンパ経典。全部で15冊ある。
経典を記す手漉き紙の大きさは一定の規格で、各頁三段に分けられ、各段を左から右へと読む。

〚文字〛

 中国文明は漢字によってはぐくまれてきた。西北部や北部に比べると、西南部の少数民族地域は歴史的に漢字文化がより浸透している土地柄と言える。チワン族、ペー族、ヤオ族などには、漢字を訓読みと音読みし、さらに漢字を元に独自の文字をつくるなどして、中国語とは異なる自分たちの言語を漢字で表記しようとする人びとがいた。しかし、いずれも表記法の統一や広範な普及を見なかった。その一方、ナシ族のトンパ文字、チベット文字、イ文字、タイ文字など、漢字とは異なる系統の文字表記を編みだし、使ってきた人びとがいる。チベット文字とタイ文字はいずれもサンスクリットを表記した文字までさかのぼる、インド系の宗教と深く結びついた文字と言えよう。

 トンパ文字とイ文字はそれぞれの民族の宗教的職能者が記録のために使ってきた文字である。

 文字は物事を記録し、人に何かを伝えるために重要な役割を果たすが、その起源は宗教と結びついていることが多い。神など超自然的存在とのコミュニケーションに用いられ、それ自体が神聖な、ありがたいものであった。紙や木片に描かれた文字は護符として効力を持つと信じられた。　　　（横山）

五仏冠
H237811　ナシ族
雲南省迪慶チベット族自治州香格里拉県三壩郷
儀礼を行うトンパは頭上に必ず「五仏冠」をつける。
五仏とは、密教における金剛界五仏。
チベット仏教においても同様の冠をつけて儀式がとりおこなわれる。
ナシ族の宗教がチベット宗教の影響を受けていることを物語る。

絵画
H237928　ナシ族　雲南省昆明市
トンパ文字の象形性を逆に絵画表現へと展開して描かれたナシ族の夏の情景。
動物がひそむ山では、狩人が弓を構え、草原で羊を放牧する人の姿が描かれる。
画家は「石」を意味するトンパ文字から自身の絵の「山」の表現に
たどりついたという。張雲嶺(ナシ族)作。

絵画
H237929　ナシ族　雲南省昆明市
ナシ族の秋の農作業の情景。
稲刈り、果物の収穫、畑で育つ野菜などが描かれている。
トンパ文字で「見る」は人を表す文字に眼と視線を誇張して描く。
この絵のなかで収穫した果物を運ぶ人のように、
視線を強調した人物を画家は好んで描く。張雲嶺(ナシ族)作

● トンパ文字

ナシ族の宗教的職能者であるトンパが、儀礼で詠唱する経典を記すのに用いた象形文字。ナシ語の西部方言地域で使われた。意味する事物の全体あるいは特徴的な部分を線描きで表したり、事物をそれに関連した他のものを示す線描きで間接的に表したりするほか、事物を意味することばと同音の他の象形文字によって表す方法などがある。各象形文字にはほぼ固定化した読みと意味があり、多少のバリエーションがありながら字形にも一定の統一性が見られる。紙を手で漉き、鉱物などから顔料をつくり、細い竹で筆をつくる知識や技術とともにトンパによって伝承されてきた。

麗江ナシ東巴(トンパ)文化博物館
(現麗江市博物院)内でおこなわれた
トンパによる儀礼のひとこまの実演。
消滅の危機に瀕していた文字を含む
トンパ文化に対し、1980年代後半から
博物館や研究所を中心に
保護・復興活動が進められた。
1996年。

タイ文字

　　　　　　　　　田　水　魚

タイ・ルー文字
(雲南省西双版納地域、
伝統文字)

タイ・ナ文字
(雲南省徳宏地域、
伝統文字)

ご飯を食べる者は田を知らず、魚を食べる者は水を知らず

タイ・ルー文字(新文字)

タイ・ナ文字(新文字)

● タイ文字

雲南省のタイ族には4種類の文字があり、それぞれタイ族の異なる下位集団・地域で用いられている。歴史的にも現在でも比較的広く流通しているのが、西双版納地域で使われるタイ・ルー文字と徳宏地域で使われるタイ・ナ文字である。タイ・ルー文字は北タイのラーンナー文字と同様にモン文字の形を継承しており、タイ・ナ文字はビルマ文字から派生したと考えられている。両方とも伝統的文字と中華人民共和国成立後に簡素化されてきた新文字とがある。

イ文字・チベット文字

魚と水のように親密な関係

四川規範イ文字
(四川省涼山地域など)

東南部方言伝統イ文字
(雲南省石林イ族自治県)

チベット文字

● イ文字

四川省、貴州省、雲南省などに広範に分布して居住してきたイ族には、その宗教儀礼をつかさどる「ビモ」が唱える経典を記録するために用いた伝統イ文字が存在した。現存する最古のイ文字は、貴州省大方県にある15世紀後半の釣鐘の銘文である。各地の伝統イ文字には共通する部分もあるが、異体字が多く、四川では右から左だが、他の地域では左から右に書かれた。1970年代以降、各地で伝統文字を整理して規範化が進められた。涼山地域を中心に早くから取り組みが始まった四川規範イ文字は最も広く使われている。

天候が順調

四川規範イ文字

東南部方言伝統イ文字

チベット文字

column 8

文化資産としての多言語性
——少数民族言語のゆくえ

庄司博史 *Hiroshi Shoji* 国立民族学博物館教授

国語、国家語といわれる言語が、民族言語、地域言語、移民言語など少数言語を圧倒し、
話者を言語的に同化する動きは、世界的な傾向だ。
しかし民族平等主義にもとづく言語政策の理念を中国は放棄したわけではない。
その理念に民族語の維持、復権の希望を託す人びとも少なくない。

公式に認定されているだけでも、中国には56の民族が存在する。満州族や回族のように、漢語を日常使用する民族もあるが、多くは固有の民族語を保持している。中華人民共和国として発足すると、中国はすべての民族に対し、民族平等の原則にもとづき、自言語を使用し発展させる自由と、文字のない民族には文字を作るための幇助を保障した。1950年代初頭には、言語学者たちが当時まだ十分に識別されていない言語をもとめて中国の南部や北部に数度にわたり分け入り、意欲的に調査したことが知られている。

新たに文字をもった民族

この調査の結果、それまで実態の知られていなかった多くの言語の構造や語彙が記述され、使用地域や話者についても明らかにされはじめた。理想にもえる言語学者のなかには、機能的な表記法をもたない言語に文字を与え、それをもちいて民族語の教育を実現しようとするものも多く、1950年代後半にかけて各地で先進的な試みが展開された。たとえば中国南部では、チワン語、ペー語などにラテン文字をもちいた表記体系が考案されている。

1950年代後半のいわゆる大躍進運動、1966年に始まる文化大革命では、社会主義国家建設への障害として、民族言語、民族文化につながるものは弾圧され、少数民族に文字を作り、また教育や行政において実用化しようとする試みは大きな打撃を受けることになった。

1970年代末、文化大革命の終結とともに、かつての少数民族言語政策は復活し、文字創製をはじめ各地で中断されていた事業は再開されはじめた。しかし、現在、これらの民族がすべて、独自の文字を民族語の表記に日常用い、あるいは学校教育に生かしているわけではない。それどころか、少数民族言語の中には勢力を拡大する中国語（漢語）の影で、もはや民族にとって母語どころか、生活言語としての存在さえ危ぶまれるものもある。

経済発展と民族語

かつて中国では、民族語は多言語社会にあっても、家族、友人、近隣の人びととの日常の交際や労働や儀礼のことばであり、多くの人にとって、生涯、それだけで事足りた。しかし、新中国が政権を樹立し国家統合をめざす過程で、漢語普及はその重要な手段となった。地方でも進出する漢族とともに、漢語は教育、政治、交易にも優先された。それだけではない。教育や生活向上を望む人びとも進んで漢語を受け入れた。

近代化路線が明確になった1980年代からは漢語の事実上の国語化にいっそう拍車がかかった。少数民族へのバイリンガル教育の導入は、結果としてそれに名を借りた漢語教育の強化となった。チベット語、ウイグル語、朝鮮語、モンゴル語のように新中国成立以前から書き言葉をもち民族語として十全に機能していたことばさえ、漢語におきかえられつつある。その傾向は地方より都市に、年配より若年層に、庶民より学生や幹部に多い傾向がある。

現在、国語、国家語といわれる言語が、民族言語、地域言語、移民言語など少数言語を圧倒し、話者を言語的に同化するのは確かに中国だけではない。とはいえ、中国は民族平等主義にもとづく言語政策の理念を放棄したわけではない。そして厳しい現実を目前にしながらも、その理念に民族語の維持、復権の希望を託す人びとも少なくない。経済発展を続ける中国が、やがてその発展を一段落させたとき、このような理念や人びとの努力が、文化資産としての多言語性維持に生かされることはあるのであろうか。

試行中のトゥ族語の文字をまなぶ小学生
青海省互助トゥ族自治県。

column 9

格差是正への道のり
――西部開発と少数民族

韓 敏 *Han Min* 国立民族学博物館准教授

自然との共存、多民族の共存のなかで生まれた西南中国の文化と叡智は、現在、貴重な観光資源として開発され、地域の活性化に生かされている。西部開発の成否のカギとは。

中国の改革開放は鄧小平の「先富論」の下、東部沿海発展戦略にそって進められてきて、内陸地域は立ち遅れ、沿海地域との所得格差は拡大する傾向が顕著であった。1978年において、所得の最も高い上海市の1人当たりGDPは2,484元で、最低水準の貴州省の14.28倍となった。80年代を通して格差は縮小傾向にあったが、90年代に入って再び拡大に転じた。1999年上海市の1人当たりGDP（国内総生産）は30,805元で、最低水準の貴州省の12.45倍となった。

そのため、当時の江沢民国家主席が1999年に「西部大開発」を提起し、2000年から国務院に西部開発指導小組を設置して西部大開発計画をスタートさせ、鉄道・道路建設などのインフラ整備や投資環境の整備、科学教育の発展などの優遇政策を実施した。その後の胡錦濤政権は西部開発の具体化につとめてきた。

◉西部大開発の西部とは

西部大開発は東西の格差を是正し、西部の経済発展を促すことを目的とした国家的プロジェクトであり、主にインフラ建設、生態環境の保護、科学技術・教育の発展と観光開発の五つの内容がある。国家は西部を重点的に支援する措置をとり、西部への地方財政移転支出と建設資金投入を増やすとともに、対外開放、租税、土地、人材などの面で優遇政策をとる。民間資本と外資も積極的に導入する。

西部開発に該当する地域は、甘粛省、寧夏回族自治区、青海省、陝西省、新疆ウイグル自治区、内モンゴル自治区、四川省、重慶市、チベット自治区、雲南省と広西チワン族自治区、貴州省の12省区市であり、全国3分の2の国土面積と28パーセントの人口を擁している。全国55少数民族人口の8割以上、およそ8,000万人が上記の地域に住んでいる。

◉西南中国の自然・文化資源

特別展「深奥的中国」がおもに取り上げる四川省、貴州省、雲南省、広西チワン族自治区は、中国の西南部に位置して、西部開発の政策適用範囲に入っている。広大で人口が少なく少数民族が集中している。全国2869県（日本の郡に相当）のうち、592の国定貧困県があり、四川省20県、貴州省36県、雲南省44県、広西チワン族自治区28県が入っている。

一方、西南地域は自然資源がきわめて豊富であり、その種類の多さでは中国各地区のトップにあり、特に鉱産物、農業、林業、水エネルギー、生物資源などは、全国でも重要な位置を占めている。

西南地域の複雑な地形と気候は長い歴史のなかで多様な動物・植物を育んだ。その豊かな自然とともに歩んできた諸民族は互いに共存し、絢爛たる文化をつくりあげてきた。自然との共存、多民族の共存の中で生まれた西南中国の文化と叡智は、現在、貴重な観光資源として開発され、地域の活性化に生かされている。

西南地区への中国国内の観光客、世界各地とくに東南アジア諸国からの観光客は年々増加している。少数民族の生態環境、歴史と文化を資源とするエスニックツーリズムは少数民族の雇用機会・収入の増加、伝統文化の保護、自文化に対する誇りとアイデンティティの構築に寄与している。一方、観光によるモラルの低下や自然環境の破壊も懸念されている。

全体的に見て、鉄道・高速道路の整備や観光開発は西部開発の大きな成果としていえる。外からの援助に頼るという輸血型の経済発展ではなく、地元の人びとの主体性と自立性による持続型・造血型の経済発展が西部大開発の成否のカギである。

西部開発の該当地域

西南中国研究のあゆみ

野林厚志 *Atsushi Nobayashi* 国立民族学博物館准教授

日本の西南中国研究は、
1902（明治35）年から1903（明治36）年にかけて行われた
鳥居龍蔵の西南中国調査にはじまる。
そのとき収集された標本資料は、現在、国立民族学博物館に所蔵されている。
民博では、創設から現在まで、西南中国をテーマとした数々の共同研究・個人研究が行われ、
多くの成果を生みだしてきた。

　日本における西南中国研究は、歴史や文化、社会といったさまざまな分野に関心が注がれてきた。実際に西南中国におもむき調査を行った研究者は枚挙にいとまがないが、ここでは、国立民族学博物館（民博）に関連した研究や調査、また所蔵している資料の背景となった調査を中心に紹介していこう。

フィールドワークの先覚者

　西南中国研究の嚆矢をなすと言っても過言でないのが、鳥居龍蔵によるフィールド調査ならびに資料収集である。鳥居は明治から昭和にかけて活躍した民族学、考古学の先覚者である。独学に近いかたちで、歴史学、地理学、博物学、英語やフランス語といった外国語を習得した後、東京帝国大学（当時）人類学教室で標本係として学究生活を開始させた鳥居は、帝国大学の助教授、国学院大学、上智大学教授を歴任し、第二次世界大戦前後は中国の燕京大学で研究活動を行なった。

　鳥居の西南中国調査は1902（明治35）年から1903（明治36）年にかけて行なわれた。鳥居は、先んじて行なった台湾の原住民族調査の結果、台湾の原住諸民族と西南中国に居住するミャオ族との関係を検証する必要性を感じていた。西南中国での調査は鳥居にとって願ってもない機会を得たことになる。鳥居の調査行は、湖南省、貴州省、雲南省、四川省をまたがるようにすすめられ、主にミャオ族、イ族を対象としながら、形質人類学的な調査、各地の慣習や言語の調査に加え、標本資料の収集ならびに乾板写真機を用いた映像の記録を行なった。

　鳥居の収集した資料のうち、民族資料にあたるものは現在民博に収蔵されている。また、今から100年余り前の様子を克明に映し出した映像資料は日本のみならず、中国の研究者からも研究資料として高い評価を受けている。

蘆笙を手にもつミャオ族（花苗）の男性
儀礼用に女装をしている。
鳥居龍蔵により、1902（明治35）年、貴州省貴陽付近の青岩堡で撮影された。
提供：東京大学総合研究博物館

民博ではこうした資料を活用し、鳥居が西南中国に赴いてからちょうど90年後の1993年に企画展「民族学の先覚者・鳥居龍蔵の見たアジア」を開催している。

　鳥居が西南中国の調査を通じて得たものは多く、とりわけ民族文化の多様性と、その多様性の背景には漢族化、そして民族集団間の相互作用の過程が存在するという指摘は注目に値する。これらの課題は後々に西南中国研究の主要な論点となっていく。

照葉樹林文化論の登場

　鳥居の調査以降しばらくは西南中国への関心がさほど強くない時期が続くが、照葉樹林文化論の登場によって、西南中国に再び強い関心が寄せられるようになる。照葉樹林文化論とは、植物学者であった中尾佐助が1960年代の後半に提唱した学説であり、ヒマラヤ山脈の南麓部からアッサム、東南アジア北部、西南中国、中国江南地方そして日本の西南部にいたる地域に広く分布する常緑広葉樹の森林地帯には多くの民族集団が存在し、その慣習的な生活文化のなかに多くの共通の文化要素が存在しているというものである。

　これらの諸文化の特色を丹念なフィールドワークによって詳細に調査しながら、文化要素の組み合わせとその分布を検証し、照葉樹林文化の特徴を抽出したうえで、それをもとに日本の基層文化の成立過程にまで論を進めたのが民博の佐々木高明元館長である。水さらしによるアク抜き技術、絹や漆の利用、茶飲の慣行、麹等を用いた発酵技術とミソやナットウといった豆類の発酵食品の存在、ジャポニカ型米の卓越、モチ種穀類の創出といったさまざまな生活文化の要素が複合的に存在し、それらが水田稲作以前に形成された日本列島の基層文化と深くつながりをもって現在にいたるということが検証された。

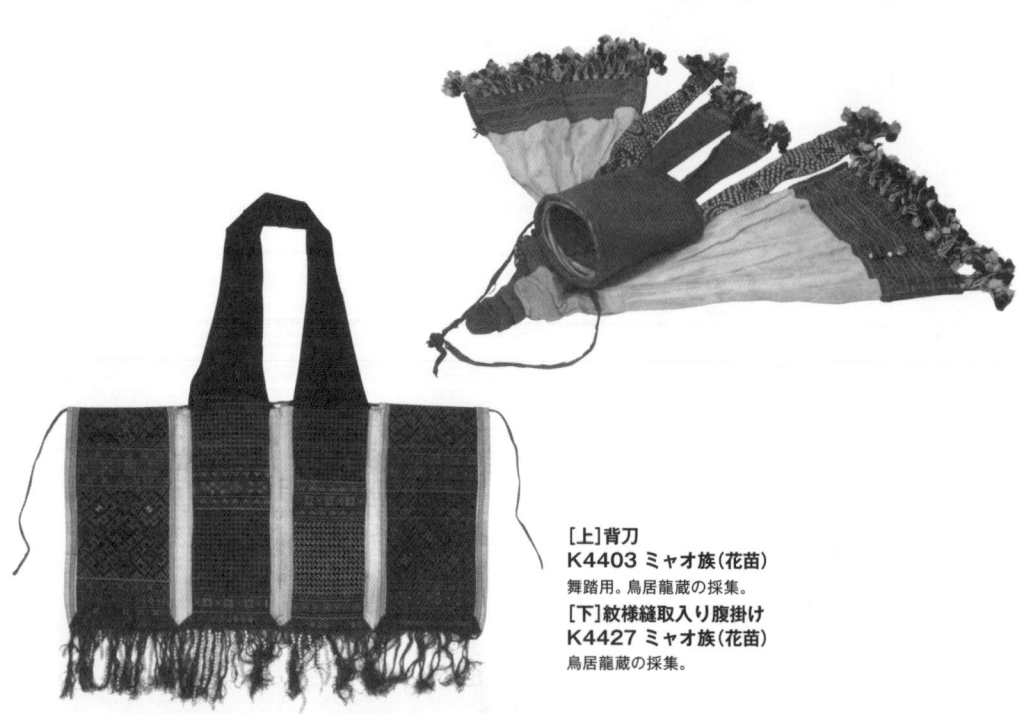

　照葉樹林文化論は学説が構築されていく過程において、異なる学問分野の協働が実現したという点においても卓越したものであったと言えるだろう。人類学、民俗学、さらには

チワン族のモチつき
モチ米食品にたいする嗜好性は照葉樹林文化の文化要素のひとつとされる。広西チワン族自治区大新県。

[上]背刀
K4403 ミャオ族（花苗）
舞踏用。鳥居龍蔵の採集。

[下]紋様縫取入り腹掛け
K4427 ミャオ族（花苗）
鳥居龍蔵の採集。

農学、物質文化論といったさまざまな分野の研究者によるフィールド調査と共同研究が行なわれ、日本文化論としての照葉樹林文化論が練り上げられていったのである。その舞台の中心となったのが雲南省や貴州省を中心とした西南中国であり、こうした共同研究に触発された多くの研究者が西南中国に関心を向けるようになったという点においても照葉樹林文化論の果たした役割は大きいであろう。

「文化資源」をキーワードに

　1980年代の後半になると、西南中国に向けられた関心は、諸民族の伝統文化のありようから民族間の相互作用や現代的な文化変容の問題に移行していく。この背景にはもちろん中国の社会や政治状況の変化があると同時に、人類学や民俗学がアイデンティティや文化の現在的な問題を積極的にとりあげるようになったことがあげられる。とりわけ竹村卓二、周達生らは西南中国のみならず、中国大陸、台湾、そして海外華僑といった広範な地域にまたがり中国諸民族における漢族化の問題を比較考察していくための共同研究を組織した。そうしたなかから、とりわけ西南中国地域における民族アイデンティティの形成について歴史的な視点をふまえた精緻な議論が重ねられた。塚田誠之によるチワン族の文化史研究や横山廣子によるペー族の人類学的研究はそれらの代表的なものとなっている。

　また、21世紀にはいり、アイデンティティの表象が文化の新たな問題として研究者の関心をよぶ状況が世界の各地で顕著となっており、世界遺産や博物館展示、観光資源の活用を通した新たな民族アイデンティティ表出のうねりが西南中国地域の研究でも重要な論点となりつつある。塚田や武内房司らが組織する共同研究では、文化資源というキーワードをたよりに、その所有や活用を通して生じる権力構造や経済効果、政治性といった問題に今後、議論を展開させていくことが期待されている。こうした研究の特徴は西南中国に閉じたものではなく、西南中国を中心とした東南アジア大陸部や隣接する他の中国地域もふくめて議論が展開されると同時に、世界的な規模で移住がなされている西南中国地域の諸民族も射程にはいったグローバルな研究に深化していくと言えるだろう。

参考文献
「深奥的中国」をもっと知るために

国立民族学博物館編
- ■1993　『民族学の先覚者・鳥居龍蔵の見たアジア』国立民族学博物館

佐々木高明
- ■1979　『稲作以前』NHKブックス
- ■1982　『照葉樹林文化の道──ブータン・雲南から日本へ』NHKブックス
- ■1989　『東・南アジア農耕論──焼畑と稲作』弘文堂
- ■2007　『照葉樹林文化とは何か』中央公論新社

佐々木高明編
- ■1983　『日本農耕文化の源流──日本文化の原像を求めて』日本放送出版協会
- ■1984　『雲南の照葉樹のもとで──国立民族学博物館中国西南部少数民族文化学術調査団報告』日本放送出版協会

周　達生
- ■1980　『中国民族誌──雲南からゴビへ』NHKブックスカラー版
- ■1987　『お茶の文化誌──その民族学的研究』福武書店

周　達生・塚田誠之編
- ■1998　『中国における諸民族の文化変容と民族間関係の動態』国立民族学博物館調査報告8

竹村卓二
- ■1981　『ヤオ族の歴史と文化──華南・東南アジア山地民族の社会人類学的研究』弘文堂

竹村卓二編
- ■1991　『漢族と隣接諸族──民族のアイデンティティの諸動態』国立民族学博物館研究報告別冊14
- ■1994　『儀礼・民族・境界──華南諸民族「漢化」の諸相』風響社

塚田誠之
- ■2000　『壮族文化史研究──明代以降を中心として』第一書房
- ■2000　『壮族社会史研究──明清時代を中心として』国立民族学博物館研究叢書3

塚田誠之編
- ■2003　『民族の移動と文化の動態──中国周縁地域の歴史と現在』風響社
- ■2006　『中国・東南アジア大陸部の国境地域における諸民族文化の動態』国立民族学博物館調査報告63

塚田誠之・長谷川清編
- ■2005　『中国の民族表象──南部諸地域の人類学・歴史学的研究』風響社

塚田誠之・瀬川昌久・横山廣子編
- ■2001　『流動する民族──中国南部の移住とエスニシティ』平凡社

横山廣子
- ■1987　「大理白族の妻方居住婚」伊藤亜人・関本照夫・船曳建夫編『現代の社会人類学』第一巻　東京大学出版会 pp.103-131
- ■1997　「少数民族の政治とディスコース」内堀基光ほか編『岩波講座文化人類学第5巻・民族の生成と論理』岩波書店 pp.165-198

横山廣子編
- ■2001　『中国における民族文化の動態と国家をめぐる人類学的研究』国立民族学博物館調査報告20
- ■2004　『少数民族の文化と社会の動態──東アジアからの視点』国立民族学博物館調査報告50

■執筆者(50音順)
　浅川滋男　　鳥取環境大学大学院教授
　伊藤　悟　　総合研究大学院大学文化科学研究科
　岡　　晋　　総合研究大学院大学文化科学研究科
　兼重　努　　滋賀医科大学医学部准教授
　韓　　敏　　国立民族学博物館民族社会研究部准教授
　庄司博史　　国立民族学博物館民族社会研究部教授
　陳　天璽　　国立民族学博物館先端人類科学研究部准教授
　塚田誠之　　国立民族学博物館先端人類科学研究部教授
　手塚恵子　　京都学園大学人間文化学部准教授
　野林厚志　　国立民族学博物館文化資源研究センター准教授
　宮脇千絵　　総合研究大学院大学文化科学研究科
　横山廣子　　国立民族学博物館民族社会研究部准教授
　吉野　晃　　東京学芸大学教育学部教授

■写真提供・協力
　東京大学総合研究博物館
　浅川滋男
　伊藤　悟
　稲村　務
　岡　　晋
　兼重　努
　韓　　敏
　庄司博史
　曽　士才
　谷口裕久
　塚田誠之
　党　春寧
　宮脇千絵
　横山廣子
　吉野　晃

■資料写真撮影
　藤森　武
　有限会社ブックポケット

■カバー・表紙デザイン
　西岡　勉

■編集協力
　小山茂樹　　有限会社ブックポケット

深奥的中国──少数民族の暮らしと工芸
The Profound Earth ── Ethnic Life and Crafts of China

2008年3月12日　初版第1刷発行

編　　集　　国立民族学博物館
　　　　　　〒565-8511　大阪府吹田市千里万博公園10-1
　　　　　　TEL 06-6876-2151

責任編集　　塚田誠之・横山廣子

発 行 者　　今東成人

発 行 所　　東方出版株式会社
　　　　　　〒543-0052　大阪府大阪市天王寺区大道1-8-15
　　　　　　TEL 06-6779-9571　FAX 06-6779-9573

印　　刷　　日本写真印刷株式会社

©2008　国立民族学博物館　ISBN978-4-86249-108-4